JN416810

‘제3의 길’은 없다

반 자 본 주 의 적 비 판

'제3의 길'은 없다

반자본주의적 비판

알렉스 캘리니코스 지음 | **김연각** 옮김

인간사랑

Against the Third Way by Alex Callinicos

Copyright © 2001 by A. T. Callinisos
Korean translation copyright © 2008 by In-Gan-Sa-Rang Publishing Company

This edition is published by arrangement with Polity Press Ltd., Cambridge through BF Agency, Seoul.

이 책은 BF Agency를 통한 저작권자와의 독점계약으로 도서출판 인간사랑에 한국어판 저작권이 있습니다. 신저작권법에 의해 한국 내에서 보호를 받는 저작물이므로 무단전재와 복제를 금합니다.

옮긴이 머리말

이 책은 Alex Callinicos, *Against the Third Way : An Anti-Capitalist Critique*(Cambridge : Polity Press, 2001)를 완역한 것이다.

칼리니코스는 '제3의 길'의 대표적 이론가인 안소니 기든스 못지않게 훌륭한 연구업적을 많이 내는 마르크스주의 이론가이다. 책의 부제에도 드러나듯이 지은이는 안티 자본주의 시각에서, 쉽게 말하면 마르크스주의 시각에서 제3의 길의 사상과 이론, 정치를 비판한다. 그렇다면 '수정주의' 혹은 '개량주의'라는 견지에서 제3의 길을 비판한다는 뜻인가? 그렇다. 조금 더 살을 붙이면, 지은이는 페리 앤더슨이 규정한 바와 같이 "현 시기 신자유주의의 최선의 이데올로기적 외피"로서 제3의 길을 비판하고 있다.

마르크스주의 사상과 이론을 진리라고 믿는 사람들에게는 이런 말 몇 마디로 제3의 길에 대한 평가는 충분할 것이다. 그러나 지은이는 마르크스주의를 진리로 생각하지 않는 독자들을 염두에 두고 이 책을 쓴 것 같다. 전적으로 그렇다고 말하기는 어렵지만 대체로 그렇다고 할 수 있다. 지은이는 자신의 분석, 평가, 주장 등을 제시할 때 기존의 이론과 경험적 증거들을 적극적으로 활용하고 있다. 물론 여기에는 마르크스와 마르크스주의 학자들의 것도 포함되지만 많은 근거들 가운데 그저 일부일 뿐이다. 이보다는 우파 학자들의 이론이나 분석을 더 많이 활용한다. 그렇기 때문에 나는 지은이의 이념적 혹은 정치적 성향과 관련하여 독자들이 어떤 예단(豫斷) 같은 것을 갖지 않기를 바란다.

원래 제3의 길은 현재 신자유주의로 불리는 우파, 그리고 국가사회주의를 포함한 전통 좌파, 이 둘의 정치 이론과 실제를 비판하고 이를 극복하기 위한 길로 제시된 것이다. 그런데 지은이의 분석에 의하면 그 실제 모습은 자유무역, 탈규제, 민영화 등 신자유주의 정책이고, 이를 위한 최상의 도구가 미국의 클린턴 행정부, 독일의 슈뢰더 정부, 프랑스의 조스팽 정부, 그리고 특히 영국의 신노동당 정부 같은 소위 제3의 길 정부이다. 또한 IMF, WTO, 세계은행 등과 같은 국제기구나 국제 레짐, 다국적기업과 국제 투기자본 등도 그 주요 도구이다. 특히 현 시기 세계질서는 500년 역사를 갖는 강대국 경쟁구조를 유지하는 가운데 미국의 패권 내지 제국주의적 이익이 관철되는 체계로 본다. 그리고 제3의 길을 정당화하는 논리는 제1, 제2의 길에 대한 비판과 함께 세계화나 IT혁명으로 인하여 달라진 현실에 대한 잘못된 진단과 처방, 자본주의를 통제하거나 인간화할 수 있다는 그릇된 믿음 등이라 한다. 이 결과로 나타난 것이 한 국가 수준에서, 그리고 전 세계 수준에서 불평등의 심화와 경제적 불안정성의 증대, 환경파괴 등이라고 한다. 동일한 현상의 또 다른 결과는 전 세계 수준에서의 반자본주의 운동의 성장이다. 특히 지은이는 시애틀 시위에서 나타난 바와 같은 조직노동운동과 환경운동, 농민운동 등의 세계적 결합에 주목한다.

여기까지 읽은 독자들에게 가장 궁금한 것은 아마 지은이의 대안일 것이다. 지은이가 제시하는 대안은 자본 재생산의 논리를 거부하는, "사회의 혁명적 변형"이라는 것이다. 알 만한 애기인데, 문제는 그것을 달성하는 구체적인 방법이 무엇인가 하는 것이 아닐까? 현 시기 세계 자본주의의 내적 모순과 그것이 필연적으로 촉발하는 시애틀 시위 같은 세계 대중운동 같은 것들을 제시하는 정도로는 좀 부족하지 않을까? 무언가 구체적인 전략 전술 같은 것을 제시해야 하지 않는가? 그러나 엄밀히 말하면 이런 과제는 지은이가 책임져야 할 과제가 아니다. 그저 1/N의 책임 정도만 있을 뿐이다. 그럼 나머지 책임은 누구의 몫일까?

끝으로, 나는 이 책을 번역함으로써 한 학기 전에 안소니 기든스의 책 『이제 당신 차례요, Mr. 브라운』 번역서를 낼 때 느꼈던, 뭐라 표현하기 어려운, 굳이 말하자면 일종의 채무(債務)의식 같은 것을 털어버릴 수 있었다는 점을 고백한다. 그리고 이번에도 이 번역서의 탄생을 가능케 해준 도서출판 인간사랑의 여국동 사장님과 책의 완성도를 높이기 위하여 전문성을 유감없이 발휘해 주신 편집실 선생님들께 깊은 감사의 뜻을 표한다.

2008년 4월 20일

김연각

감사의 말, 그리고 머리말

이 책은 자기를 먹여주는 손을 무는 것 같은 일면도 가진 책이다. 왜냐하면 이 책은 폴리티 출판사(Polity Press) 설립자 겸 편집책임자인 토니 기든스(Anthony Giddens)와 데이비드 헬드(David Held) 두 분의 최근 저서들에 대한 비판에 많은 지면을 할애하고 있기 때문이다. 헬드 교수의 경우 이번이 처음도 아니지만 나한테 이 책을 쓰라고 격려하였다는 점에서 그분 자신의 탓(?)이라 할 수도 있겠다. 헬드 교수는 나와 마찬가지로 제3의 길에 대한 비판자의 한 사람이기 때문에 이분의 견해는 비판의 표적으로서 정조준하기가 어려웠다. 내가 이 책에서 말하고자 하는 것은 이런 것이다. 즉 제3의 길이라는 이데올로기는 블레어-클린턴 식 프로젝트의 기반이 되는 몇 가지 전제들을 공유하지만 정치적으로는 여기에 반대하는, 그런 이론가들의 저술들 속에서만 올바로 논의될 수 있는 성격의 것이라는 사실이다. 출판사로서 폴리티 사의 대표적 특징이 지적(知的)인 관대함이듯이 기든스와 헬드 두 분도 그런 관대함을 지닌 분들이고, 나는 이 점에 대하여 아무래도 두 분에게 감사하지 않을 수 없다. 샌드라 바이앳, 루이스 나잇, 길 모틀리, 그리고 팸 토마스, 이분들은 이번에도 이 책의 출판과정에 도움을 주었다. 이 모든 분들에게 감사하며 원고 상태의 이 책을 편집한 저스틴 다이어 이분에게도 감사의 뜻을 전한다.

샘 애쉬먼, 크리스 하먼, 그리고 익명의 세 분 심사위원이 원고 상태의 이 책을 읽고 논평을 해주었다. 이 모든 분들에게 감사한다. 그리고 가장 마지막으로 독자 서평을 써준 분에게 특별히 감사해야 할 것 같다. 이분은 다른 서평과는 사뭇 다르게 나를 웃게 만들었다(이런 상황에서 웃는다는 것은 매우 드문 경험이다). 나는 이분들의 충고를 당연히 환영하지만 그래도 이 책에서 대체로 내 자신의 길을 걸었다. 이 책은 좌파가 국제적으로 자신의 모습을 새롭게 하는 작업을 시작한 시점에서 전투에 임한다는 정신으로 집필한 것이다. 현재의 시점은 지적인 포로를 잡을 시점이 아니며, 또한 전 지구적 자본주의에 대한 도전을 포기하는 것과 별반 다를 바 없는 모종의 정치적 프로젝트와 타협을 할 시점도 아니다.

차례

개설概說

제3의 길을 걷는다는 것

제3의 길은 우리에게 역사의 짐으로부터 도피할 수 있는 한 가지 길을 약속해 준다. 이것은 전통적 좌파와 우파의 실패를 잘 보여주는 낡은 양극성을 뛰어넘어 좌우 양쪽의 장점들을 포착하는 전향적인 길을 제시하고자 한다. 그러나 과거의 잘못을 변증법적으로 초월하고자 하는 이런 시도는, 흔히 그렇게들 주장하고 있지만, 좌파의 갱신을 뜻하는 것이다. 달리 표현하면, 그 주창자들이 사회민주주의 전통에 다시금 세례를 베풀고 싶어하고 있다는 점에서 이것은 차라리 좌파가 아니라 중도 좌파의 갱신이라 할 수 있는 것이다.

014

'제3의 길'은 없다

제3의 길은 단순한 아이디어 이상의 것이다. 빌 클린턴 지도 아래 백악관을 장악한 신민주당원들이 사용하는 용례를 살펴보면, 제3의 길은 토니 블레어 지도 하 신노동당에게 이데올로기적 표어를 제공하였다. 이것보다 좀더 신중한 표현인 **신중도**(新中道, die neue Mitte)라는 용어는 게르하르트 슈뢰더(Gerhard Schröder)가 독일 사회민주당원들을 이끌고 1998년 가을에 재집권에 성공하였을 때 사용한 구호였다.[1] 유럽의 다른 사회주의자들, 특히 리오넬 조스팽(Lionel Jospin)이 이끄는 프랑스 사회당원들 같은 사람들은 제3의 길이라는 용어에 의심의 눈초리를 보내고 있지만, 그래도 이 용어는 유럽 차원에서나 전 세계 차원에서 온건 좌파를 위한 의제를 던져주고 있다. 한국의 김대중 대통령과 브라질의 카르도소 대통령 같은 제3세계의 핵심 인물들은 재빨리 제3의 길이라는 인기 있는 악대차(band-wagon)에 편승하였다.

제3의 길을 지지하는 사람들은 이와 같은 국제적 연계를 강조하는 일을 소홀히 하지 않는다. 예를 들어 클린턴은 자신의 사회보장 정책을 소개하면서 "정부가 바로 적이라고 말하는 사람들"과 "정부가 바로 해결책이라고 말하는 사람들" 사이에 "제3의 길"을 제안한 블레어를 인용하였다.[2] 클린턴은 유고슬라비아에 대한 전쟁을 시작하기 직전 바쁜 시간을 쪼개서 1999년 4월에 제3의 길에 관한 세미나를 주최하였다. 이 세미나에는 독일, 영국, 이태리, 네덜란드의 수상이 참석하였다. 현재 클린턴은 백악관을 떠났지만 제3의 길이라는 아이디어는 그의 대통령직보다 더 긴 수명을 보이고 있다. 일부 측근들에 따르면 실제에 있어서 클린턴의 현재 역할은 "제3의 길의 세계 대통령"으로 행동하는 것이다(워싱턴 정가에서 물러나는 모습이 좀 너저분해서 약간의 흠이 있는 것은 사실이지만).

이와 같이 주목할 만한 후원자가 있다는 점에서 일단 제3의 길은 진지하게 검토해 볼 가치가 있는 것이다. 그러나 이것이 도대체 정확히 무엇을 뜻하는 것인가? 용어에 녹아들어 있는 암시를 감안한다면, 아마도 더 나은 제3의 경로를 선택하기 위하여 선택하지 않은 혹은 포기한 2개의 경로가 있다는 뜻인데 그것이 무엇일까? 제3의 길의 가장 저명한 지적(知的) 해설자라 할 수 있는 안소니 기든스에 의하면 "구식 사회민주주의"와 신자유주의가 바로 그것이다. 전자는 국가를 지나치게 신뢰하는 것이고, 후자는 마찬가지로 규제받지 않는 시장을 지나치게 신뢰하는 것이라 한다. 따라서 제3의 길이란 구좌파와 신우파 너머에 존재하는 길을 가리킨다.[3]

영국이라는 나라는 추상적인 아이디어와 그런 것들을 해설하는 일을 전공으로 삼는 지식인들을 가장 거부하는 대중문화를 가진 나라인데, 이런 나라에서 그런 아이디어가 가장 강력한 제도적 지지를 받았다는 사실은 매우 역설적이다. 신노동당의 주요 인사들이 자기네 정책을 이데올로기적으로 정당화하기 위해 노력하였지만 그런 노력은 널리 조롱의 대상이 되었고, 또 정치적 술수가 아닐까 하는 생각에 사로잡힌 언론매체들은 블레어 정부의 핵심 인사들마저도 제3의 길을 싫어한다고 보도하는 데 조금도 머뭇거리지 않았다.

이와 같은 냉소적 반응이 전적으로 잘못된 판단에서 나온 것은 결코 아니다. 신노동당 정부의 소위 "윤리적" 외교정책이라는 것은 1997년 총선 승리로 출범한 새 정부의 외무부장관 로빈 쿡(Robin Cook)이 그 내용을 제대로 제시하지도 않은 것이었다. 이 정책은 제

3세계 독재정권들에게 무기를 수출하는 데 장기적인 이익을 걸고 있는 국방부, 통상산업부 등을 중심으로 한 막강한 관료기구 복합체(Whitehall complex)의 저항에 굴복한 이후에야 그 윤곽이 드러난 정책인데 완전한 실패작이었다. 이런 실패 사례는 선의에서 나온 것이라는 식의 애매모호한 신앙고백 같은 것을 너무나 손쉽게 믿고 마는 사람들에게는 보약이 되는 경고이다. 그러나 나는 이와 같은 실패 사례를 지적하는 전술만으로는 충분치 않다고 생각한다.

제3의 길이 단지 서방세계의 몇몇 강대국 정부하고만 연결되어 있는 것은 아니며, 지식인 사회의 일부 거두들과도 연결되어 있다. 대표적인 예로 기든스 같은 사람은 연구업적을 많이 내는, 그리고 충분히 그럴 만한 자격을 갖춘 국제적으로 저명한 사회이론가이다. 기든스의 책 『제3의 길』은 신노동당의 정책 기반이 되는 이데올로기 교과서일 뿐만 아니라 25개 이상의 말로 번역된 책이다.[4] 이보다 나중에 낸 책에서 기든스는 제3의 길의 정당성을 다시금 강조하고 또 좌파 진영에서 제기한 가장 흔한 비판, 즉 다른 수단으로 추구하는 대처리즘이라는 비판을 반박하고 있다. "제3의 길 정치란 신자유주의의 연장이 아니라 하나의 대안적인 정치철학이다"라고 주장한다.[5] 울리히 벡(Ulrich Beck)이나 마누엘 카스텔스(Manuel Castells) 같은 선도적 사회학자들도 기든스에 비해 훨씬 더 조심스럽지만 역시 제3의 길을 옹호하고 있다. 이들보다 약간 더 거리를 두고 있지만 서구 좌파의 지도적 철학자인 하버마스(Jürgen Harbermas) 같은 이도 그 자신이 이름붙인 바 "제3의 길의 공격적 변종"이라는 것을 옹호하고 있다.[6]

제3의 길이라는 것이 이와 같은 지적인 인증서 같은 것을 가지고 있는 것을 보면, 제3의 길 주창자들이 제시하는 주장들이 도대체 어떤 내용인가, 그리고 그런 것들이 타당한가 하는 문제를 따져보는 작업은 필요한 작업이라 할 수 있다. 바로 이것이 이 얇은 책의 목적이다.

기원(起源)

이런 작업을 할 때 가장 큰 장애가 되는 것은, 종종 논객들이 이런 불만을 털어놓고 있지만, 공식이 너무 모호하고 미끌미끌하다는 것이다. 유명한 얘기로 옛날에 처칠 수상이 노동당 정부의 맥도날드(Ramsay MacDonald) 수상을 가리켜 "뼈 없는 천재"(boneless wonder)라고 한 적이 있다. 나는 맥도날드의 가장 나중 후계자가 자신의 정책을 정당화하기 위하여 사용한 이데올로기에 대하여 이와 똑같은 표현을 하고 싶은 유혹을 느낀다. 앞에서 이미 언급한 바 있지만, 제3의 길이라는 것이 스스로 거부한 두 개의 길로부터 구체적인 내용을 취하고 있다는 사실에 비추어 볼 때, 적어도 부분적으로는 그런 표현을 들어 마땅하지 않은가 생각한다. 그리고 제3의 길이 오늘날의 중도 좌파 진영과는 사뭇 다른 정치진영에 기원을 둔 것이라는 사실도 결코 놀랄 일이 아니다.

노르베르토 보비오(Norberto Bobbio)는 "우도 아니고 좌도 아님"이라는 공식이 프랑스 파시스트들이 사용했던 것이라는 점을 지적한다:

> (프랑스 파시즘 운동은) 이태리 파시즘보다 앞선 것이고, 또 여기에 영향을 준 것으로서 사회주의와 민족주의의 융합, 달리 말하면 전형적인 좌익 이데올로기와 전형적인 우익 이데올로기의 융합으로 구성된 것이었다. 또한 프랑스 파시즘은 스스로를 "좌우 양파"로 부르기도 하였다. 이것은 곧 두 개의 상반되는 이데올로기의 종합이지 배척이 아니었다. 이태리의 극우파는 "좌우를 넘어"라는 공식을 사용하였는데, 이것은 종합과 배척 가운데 어느 한 가지를 선택한다는 것이 아니다. 이 세 가지 공식("우도 아니고 좌도 아님", "좌우 양파", "좌우를 넘어"역자주) 모두를 제3의 길이라 할 수 있으며, 이것은 좌우 양쪽을 포함하는 것으로 해석할 수도 있고 배척하는 것으로 해석할 수도 있는 것이다.[7]

자연히 이런 사실은 기든스 같은 사해동포주의적 민주주의자에게는 불편한 전례이다[기든스 자신도 『좌우를 넘어』(*Beyond Left and Right*)라는 책을 낸 바 있다]. 일찍이 1912년에 맥도날드가 당시 노동당의 이데올로기를 "국가사회주의"와 "노동조합지상주의"(Syndicalism) 사이의 "제3의 길"이라 표현한 바 있다는 사실을 기든스가 알고 있었다면 아마도 그토록 불편하지는 않았을 것이다.[8] 그러나 이 사람들보다 훨씬 더 좌측에 속하는 사람들 사이에서도 이와 유사한 공식이 발견된다. 미국의 트로츠키주의자 막스 샥트만(Max Schachtman) 같은 사람은 "제3진영"이라는 용어를 사용하였는데, 이것은 두 개의 경쟁적 제국주의 권력복합체가 지배하는 이 세계에서 더 큰 민주주의와 사회적 진보를 동시에 달성할 능력을 가진 세력을 가리키는 것이다. 두 개의 제국주의 권력복합체란 처음에는 서방의 자유민주주의 진영과 나치 독일을, 나중에는 냉전기 두 개의 초강대국

진영을 가리킨다.[9] 샥트만 자신은 결국 냉전기 자유주의에 굴복하고 말았지만, 1956년 이후 등장하기 시작한 뉴레프트 사람들은 비록 드러내놓고 제3의 길이라는 표현을 하지는 않았지만 좌파의 두 지배적 전통(국가사회주의 및 노조지상주의를 가리킴[역자주])과의 결별을 선언하는 예가 많았다. 1960년대 말에 피터 세지윅(Peter Sedgewick)은 다음과 같이 썼다 :

> 코울(G. D. H. Cole) 선생은 1959년 돌아가시기 직전에 『사회주의 사상사』(*History of Socialist Thought*) 마지막 권을 마치면서 다음과 같은 짤막한 개인적 신조를 책의 말미에 덧붙였다 : "나는 공산주의자도 사회민주주의자도 아니다. 왜냐하면 나는 이 둘을 중앙화와 관료제의 신조로 간주하기 때문이다." 이러한 진술은 그 당시나 그 이전 수십 년간이나 그저 고독한 신앙고백 이상의 것이 될 수 없는 것이었다 … 공산당이나 사회민주당이 제시하는 이데올로기에 동조하지 않는 사회주의자가 된다는 것은 특별한 해명이 필요한 매우 이례적인 입장에 선다는 것을 뜻하는 것이었다. 오늘날 코울 선생의 이같은 선언은 영국뿐만 아니라 프랑스, 독일, 미국 등지의 수많은 젊은 사회주의자들이 기꺼이 그 아래로 모여들 깃발, 그런 깃발에 적힐 만한 선언이다.[10]

1960년대의 정치적 상황은 정통임을 주장하는 스탈린주의와 사회민주주의 모두가 서방 자유민주주의 국가들 내의 적지 않은 급진적 소수자들에 대한 장악력을 일시적으로 상실한 상황이었다. 그 당시 사회주의 운동에 참가했던 사람들에게는 자유주의적 자본주의의 점진적 개혁을 주장하는 것, 그리고 소련과 그 위성국 같은 소위 "현존 사회주의"가 제시하는 대안적 모델에 의존하는 것, 좌파의 이 두 개 주류적 대안이 단순한 현상유지를 위한 대안일 뿐이었다.[11] 물론 이러한 상황은 현재의 제3의 길이 형성된 상황과는 근본적으로 다른 것이다.

오늘날 "현존 사회주의"는 더 이상 현존하지 않으며, 소련 자체도 없어졌다. 기든스는 드러내놓고 제3의 길의 등장을 "사회주의의 죽음"과 결부시키고 있다. 그러나 그가 사용하는 사회주의라는 용어의 의미는 매우 모호하다. 예를 들어 이런 식이다 : "사회주의적 경제관리를 통하여 자본주의를 인간화할 수 있다는 발상은 사회주의의 한 뚜렷한 특징이다."[12] 혁명적 사회주의자나 스탈린주의자는 말할 것도 없고 좌파 사회민주주의자들도 자본주의를 인간화하는 것이 불가능하다는 점에는 모두 동의할 것이다. 자본주의를 어떻게 대체할 것인가, 그리고 또 무엇으로 대체할 것인가 하는 점에서는 서로 견해를 달리 할지 모르지만. "사회주의적 경제관리"란 말의 구체적 의미도 분명치 않다. 그러나 분명한 것은 기든스에게 있어서 스탈린주의와 전통적 사회민주주의는 하나의 공통된 아이디어를 가진 것이라는 것이다. 즉 자본주의의 해악과 부작용을 극복하기 위한 한 가지 필요조건이 중앙화된 계획이거나 케인즈 식의 수요관리거나 관계없이 국가가 조종하는 경제체계를 수립하는 것이라는 아이디어이다.

제3의 길이 초월하고자 하는 두 개의 대안 가운데 첫 번째 것은 '경제적 국가주의'라 부를 수 있는 것을 그 핵심 내용으로 하는 것이다. 많은 유형의 사회주의가 국가의 힘을 강화함으로써 자본주의를 초월하고자 시도하지 않는 까닭은 바로 그런 해법이 코울이 말하는 "중앙화와 관료제"의 확대만을 초래할 뿐이기 때문이다. 기든스는 이러한 사실을 그냥 무시하고 있다. 예를 들어 마르크스라면 기든스가 자기의 초기 이론적 저술들에서 자주 사용한 "국가사회주의"라는 표현을 하나의 모순어법으로 간주하여 일축해 버릴 것이다. 마르크스는 『고타 강령 비판』에서 "자유는 국가를 사회 위에 군림하는 기구로부터 사회에 철저히 종속되는 것으로 전환하는 데서 가능하다"고 썼다.[13]

경제적 국가주의라는 의미에서의 사회주의란 동유럽에서의 스탈린주의 붕괴에 의해서만이 아니라 1970년대 이래 케인즈 식 복지국가의 위기에 의해서도 빛이 바랜 것이 되고 말았다. 기든스는 다음과 같이 설명한다 :

> 사후적으로 보면 우리는 왜 소련이 미국을 앞서기는커녕 한참 뒤떨어졌는가, 그리고 왜 사회민주주의 역시 위기를 맞게 되었는가를 선명하게 알 수 있다. 사회주의 경제 이론은 자본주의의 혁신, 적응 및 생산성 제고 능력을 과소평가함으로써 항상 부적절한 것이었다. 또 사회주의는 시장의 정보 기구로서의 중요성, 즉 구매자와 판매자들에게 중요한 데이터를 제공하는 기구로서의 중요성을 파악하지 못하였다. 이러한 결함들은 1970년대 초 이래 세계화와 기술변화가 강도 높게 진행된 이후에야 비로소 충분히 드러나게 되었다.[14]

이 설명에서 경제적 국가주의 본래의 결함들을 드러나게 한 것은 바로 세계화이다. 여기서 우리는 제3의 길이 배척한 두 개 대안들 사이에 비대칭이 존재한다는 사실과 만나게 된다. (기든스의 용례에서 좁은 의미의) 사회주의는 죽었다. 그러나 두 번째 대안인 신자유주의는 아직 시퍼렇게 살아 있다. 민영화, 탈규제, 재정 및 금융상의 안정

등과 같은 소위 "워싱턴 합의"의 내용을 이루는 정책들, 미국 재무부와 국제통화기금에 의해 국제적으로 강제되고 있는 이런 정책들은 1980년대에 레이건과 대처가 주창한 것들이다. 그 이후에 중요한 자유민주주의 국가들에서 신우파가 정권을 잃었지만 그 영향력은 아직도 강하게 남아 있다. 예를 들어 2000년 12월에 백악관을 다시 탈환한 미국 공화당 안에서 여러 종류의 우익 집단들이 강한 힘을 발휘하고 있으며, 대처 집권 당시에도 내각 안에서 항상 소수파의 지위에 머물렀던 대처 식 유럽회의주의(Euroscepticism) 세력이 영국 보수당을 효과적으로 장악하고 있다. 기든스는 "신자유주의가 곤경에 처해 있다"라고 주장할는지 모르지만 바보나 그런 말을 곧이들을 것이다.[15]

신자유주의가 패권적 지위를 누리고 있다는 사실은 그것을 도입한 정당들이 선거에서 패배한 이후에도 신자유주의 정책들이 살아남아 있다는 점, 바로 이 점 하나만으로도 입증된다고 말할 수 있다. 페리 앤더슨(Perry Anderson)의 지적은 매우 신랄하다 :

> 시장의 승리를 보증하는 가장 좋은 방법은 서민대중을 위한 복지 관련 기관들을 공격하는 것이 아니라, 경쟁과 연대가 공존할 수 있다고 목소리 높여 외치면서 오히려 그런 기관들을 보존하는 것이다. 정부 정책의 핵심 부분은 레이건-대처의 유산을 더욱 철저하게 추구하는 것, 경우에 따라서는 그 선배들도 감히 시도하지 않았을 조치를 취하면서까지 그 유산을 추구하는 것이다. 미국의 복지개혁과 영국의 등록금 제도 개혁이 그런 예이다. 그러나 현재 레이건-대처의 유산은 각종 보조금 지급이나 더 부드러운 수사술과 조심스럽게 결합되어 있다. 이제 유럽 전역에 걸쳐 확산되어 있는 이러한 결합의 효과는 선구자 구실을 하는 극우

정권들이 야기할지도 모르는 갈등의 가능성을 억누르는 한편 신자유주의 패권에 대한 반대운동을 더욱 철저하게 말살하려는 것이다. 대처의 구호인 TINA(There is no alternative, 대안이 없다)는 바로 그 말의 정의에 의해서, 대안적 정권이 집권하여 정말로 대안적 정책이 없음을 증명해 보인 다음에야 비로소 완전한 설득력을 갖추게 된다. 유럽 사회주의의 죽음 혹은 뉴딜에 대한 기억의 죽음을 완성하기 위해서는 중도 좌파 정권이 반드시 필요하다. 이런 의미에서 레닌의 "민주공화국은 자본주의의 이상적인 정치적 외피(外皮)이다"라는 말을 본떠서 말한다면 제3의 길은 현 시기 신자유주의의 최선의 이데올로기적 외피라고 말할 수 있을 것이다.[16]

신노동당 조준하기

앤더슨의 분석은 제3의 길에 대한 비판적 평가를 위한 중요한 논점을 제시해 준다. 그것은 과연 "신자유주의의 이데올로기적 외피" 이상의 것인가? 기든스는 그렇다고 주장한다. 그러나 그 자신이 강조한 것 가운데 일부는 그렇지 않음을 보여준다. 그의 논평은 이렇다 :

좌파의 정체성(正體性)을 시장의 위험성에 대한 걱정에서 찾아야 한다는 발상, 그 위험성이 지나칠 경우 국가가 여기에 고삐를 채워야 한다는 발상이 있다. 그러나 오늘날에는 이런 발상은 한물 간 것이다. 좌파는 이제 시장에 대하여, 부를 창출함에 있어서 기업의 역할에 대하여, 그

> 리고 사적 자본이 사회적 투자에 필수적이라는 사실에 대하여 편안한 마음으로 받아들여야 한다.[17]

이와 비슷하게 블레어 정부에서 재무장관 직을 맡은 고든 브라운(Gordon Brown)은 얼마 전에 다음과 같이 선언하였다 : "노동당 = 기업의 당."[18] 그러나 이처럼 모든 사람들이 자본주의를 찬양한다면 도대체 좌파는 자신의 정체성을 어떻게 규정해야 할까? 신노동당의 표준적 답변에 의하면 좌파는 그 가치관을 가지고서 자신을 규정해야 한다는 것이다. 경제적 · 정치적 상황이 바뀌었고 또 그에 따라서 정책수단도 바뀌어야 하지만, 그래도 과거로부터 물려받은 좌파의 여러 가치들은 바뀌지 않고 있다고 한다. 그래서 블레어와 슈뢰더는 중요한 정책 연설에서 다음과 같이 선언한다 :

> 공정성과 사회정의, 자유와 기회의 평등, 연대와 타자에 대한 책임성, 이런 것들은 시간을 초월한 가치들이다. 사회민주주의는 이런 것들을 결코 희생시키지 않을 것이다. 이런 가치들을 오늘날의 세계에 적합하게 만들기 위해서는 21세기의 도전들에 대처할 수 있는 현실적이고 전향적인 정책이 필요하다. 현대화란 여론조사 결과에 대응하는 것이 아니라 객관적으로 바뀐 조건들에 적응하는 것이다.[19]

국가가 조종하는 경제체계라는 의미에서의 사회주의는 이미 죽었는지 모르지만 가치관으로서는 아직 살아 있다. 이런 식으로 말한다면 적어도 다음과 같은 이점은 있다. 즉 제3의 길을 채택한 정부들을 평가하기 위한 일종의 잣대로 삼을 수 있다. 물론 사회주의적 가치들을 구성하는 규범론적 개념과 원칙이 구체적으로 무엇인지를 정확하게 확정하기 위해서는 대단히 신중해야 하겠지만.[20] 제3의 길이라는 용어 자체도 실질적으로 상이한 정치적 노선들을 포괄하는 것이라는 점에서 모호한 용어이며, 이 때문에 더욱 분석이 어려워진다. 기든스 자신도 다음과 같은 독일에서의 연구를 인용한다 :

> 유럽에는 4개의 상이한 '제3의 길'이 있다. 하나는 영국 노동당이 채택한 '시장 지향' 노선이다. 네덜란드 식 노선은 '시장 및 합의 지향' 노선이다. 스웨덴은 과거와의 연속성을 많이 보유하면서 '개혁 복지국가'의 길을 걷고 있다. 과거와의 연속성은 프랑스의 경우에도 비슷한데, 그것은 '국가 주도의 길'에 매달리는 것이다.[21]

이렇게 보면 제3의 길이라는 공식은 그 범위가 지나치게 확장되어 아무런 내용이 없는 것으로 되고 만다. 국가가 조종하는 경제체계라는 이상을 결코 포기하지 않고 있는 프랑스의 경우를 예로 보면 조스팽은 다음과 같이 주장한다 : "국가는 오늘날의 자본주의 현실에 적합한 새로운 규제장치를 갖추어야만 한다."[22] 또한 조스팽은 1999년 11월에 사회주의 인터내셔널 관계자에게 다음과 같이 말한다 : "우리는 … 마르크스주의 모델에서 사회 현실과 자본주의에 대한 비판적 분석 같은 유익한 것을 재발견해야만 한다. 우리는 자본주의를 문제 삼고, 극복하고, 또 개혁하기 위하여 자본주의를 계속 생각해야만 한다."[23] 이런 말은 기든스가 비판했던 "한물 간" 사고를 그대로 보여주는 예가 아닌가? 조스팽의 소위 "다원적 좌파" 정부의 실제 모습은 그 수사와는 달리 영국과 독일의 좌파 정부와 아주 유사한 것이었다. 그러나 가끔씩 자본주의를 비판하면서 그것을 관리하고자 하는 오랜 전통을 따르는 사회민주주의 정부, 그리고 시장을 "편안한 마음으로 받아들인다"는 사실을 자랑으로 내세우는 정부, 이 양자 사이에는 중요한 차이가 있다.

그러므로 내 주장의 주된 초점은 영국 신노동당의 이론과 실천에 맞출 것이다. 여기에는 두 가지 특별한 이유가 있다. 첫째, 블레어 자신과 기든스 같은 동지들은 자기네가 이해하는 바의 제3의 길이라는 견지에서 아주 공격적으로 유럽 사회민주주의를 재규정하려고 노력해 왔다. 슈뢰더의 언론 담당관을 지낸 바 있는 보도 홈바흐(Bodo Hombach)가 『신중도파의 정치』(*The Politics of the New Centre*)라는 책에서 제시한 바와 같은, 다른 여러 판본의 제3의 길은 영국 사람들의 주장에 비해 훨씬 더 신중하다. 둘째, 1997년 5월 선거로 하원의 압도적 다수당이 된 노동당의 정부는 영국이라는 핵심적인 자유민주주의 국가에서 당의 정책을 실제로 집행할 수 있는 아주 유리한 위치를 차지하였다. 이 점은 매우 특이하다 할 수 있다.

그렇기 때문에 영국 신노동당의 경우는 사회민주주의에 대한 의도적인 혁신 시도를 화학적으로 순수한 형태 그대로 분석할 수 있는 기회를 제공해 준다. 블레어와 브라운의 연설들, 그리고 기든스와 찰스 레드비터(Charles Leadbeater) 같은 신노동당 지식인들의 저술들, 나는 이런 것들을 제3의 길 교리를 담고 있는 원전으로 삼을 것이다. 나중에 밝혀지겠지만 이 좁은 범위의 집단 내부에도 중요한 차이가 있다. 예를 들어 기든스는 블레어와 브라운에 비해 금융시장 정책 면에서 더 급진적이며, 기든스와 레드비터 두 사람은 신노동당 이데올로기 가운데 "공동체주의"에 대하여 눈에 띄게 유보적인 태도를 보인다.

현실 정치라는 관점에서 볼 때 블레어와 브라운 사이의, 그리고 그 보좌진 사이의 고질병 같은 갈등이 훨씬 더 중요하다는 것은 말할 나위도 없다.[24] 그러나 이런 갈등은 원칙상의 이견에서 나온 것이 아니라 야심과 증오에서 나온 것이다. [이 점에 국한해서 본다면 신노동당은 구노동당과 조금도 다를 바 없다. 제2차 세계대전 이후 애틀리 정부의 거물 중 한 사람인 어네스트 베빈에게 어떤 사람이 말하기를, 애틀리 정부의 또 다른 거물인 허버트 모리슨이 베빈의 최대 정적(政敵)이라고 말하자 베빈은 다음과 같이 투덜댔다고 한다 : "내가 살아 있는 동안은 아니지, 그는 내 정적이 아니야."] 브라운은 노동당 전통주의자들과의 관계를 아주 조심스럽게 유지하고 또 제3의 길을 언급하는 횟수도 비교적 적지만 사실은 블레어 정부의 경제정책과 사회정책을 건축한 주인공이라 할 수 있다. 따라서 브라운의 전략은 2장에서 상세히 다룰 것이다.

그러나 전적으로 영국에만 초점을 맞추는 것은 너무 지엽적일지 모른다. 미국 클린턴 행정부의 경험도 매우 중요하다. 클린턴 행정부는 신노동당에게 중요한 모델을 제공해 준 데 그치지 않고 외교정책과 관련하여 제3의 길 이데올로기에 매우 중요한 일면을 제공해 주었다. 좀더 구체적으로 말해서 클린턴 행정부는 소위 "국제공동체 독트린"이라는 것을 제공해 주었는데, 이것은 1999년 4월에 블레어가 밝힌 바에 의하면 서방 강대국들에게 무제한적인 "인도적 개입" 면허증을 주는 것이다. 울리히 벡이 말하는 소위 "군사적 인도주의"를 현실로 옮길 때 발포 명령을 내리는 것은 말할 것도 없이 백악관이다. 이와 관련하여 독일에서 전개된 논쟁에 대해서도 (상세히는 아니지만) 다룰 것이다. 앞에서 인용한 바 있는 블레어와 슈뢰더의 공동선언[사실 홈바흐(B. Hombach)와 피터 만델슨(Peter Mandelson) 같은 양측의 보좌진이 쓴 것이지만]은 이 독트린에 관한 중요한 선언이다.[25]

그러나 블레어는 사회정치적 상황 면에서 슈뢰더, 조스팽을 위시한 다른 어느 유럽의 사회민주당 지도자들에 비해서도 훨씬 더 유리한 조건에서 자기 뜻을 펼 수 있었는데, 이 점을 충분히 강조해 둘 필요가 있다. 블레어는 대처리즘의 여러 업적들, 특히 기업가 계급을 위한 조치들과 노동운동을 무력화하면서 영국 경제의 구조조정 조치를 취한 것과 같은 과거의 업적들로부터 많은 이득을 누릴 수 있었다. 무엇보다도 1984-1985년에 있었던 광부 파업을 굴복시킨 것은 그 이전 한 세대 동안 경제적 · 사회적 힘을 꾸준히 키워 왔던 노동조합운동을 크게 약화시켰다.[26]

조직노동운동의 이같은 역사적 패배는 우선 블레어가 당의 지도자로 부상하는 데 크게 기여하였으며, 집권 이후 블레어의 활동범위를 크게 넓혀준 것이기도 하다. 이와는 대조적으로 슈뢰더는 1980년대 대처가 감행한 충격적인 공격 같은 것을 제2차 세계대전 이후 단 한 번도 겪지 않은, 그런 노동운동을 상대해야만 했다. 그리고 조스팽이 더 급진적인 수사를 구사하는 것은 적어도 부분적으로는 프랑스 노동계급의 분위기에 적응할 필요성에서 나온 것이다. 프랑스 노동계급은 1995년 11-12월 공공부문 총파업을 통하여 자신감과 전투성을 크게 키웠기 때문이다. 대처 이후 영국의 계급 간 힘 관계가 매우 세분화되었다는 사실, 이 사실은 왜 신노동당이 사회민주주의의 성격을 재규정하는 일에 그토록 앞장섰는가를 설명하는 데 도움이 되며, 또 그 배경이 되고 있다.

이제 내 주장의 전반적인 경로를 요약 · 제시해야 할 것 같다. 우리는 이미 표준적인 제3의 길 논리를 접한 적이 있다. 즉 변화하는 세계 속의 전통적 가치라는 것이다. 블레어의 표현에 의하면, "(전통과 현대 간의) 갈등을 해소하는 방법은 전통적 가치를 현대 세계에 적응시키는 것이다. 시대에 뒤진 태도는 버리고 전통적 가치의 핵심을 재발견하여 그것을 우리가 변화를 관리하는 데 지침으로 삼는 것, 바로 이것이다."[27] 그러므로 윤리적 · 정치적 가치와 사회적 · 경제적 변화 간의 상호관계가 바로 제3의 길 주창자들이 세계를 바라보는 창문인 셈이다.

이 관계의 한쪽 측면이 세계화라는 발상이다. 광의로 이해하면 세계화란 경제, 정치, 그리고 문화적으로 세계가 더욱 통합된다는 것을 뜻한다. 곧 다루게 되겠지만 제3의 길 교과서들이 그려내는 세계화의 초상화는 양면가치를 지닌 것이다. 한편으로 세계화는 파괴적인 것으로, 그리고 다른 한편으로 해방적인 것으로 묘사된다. 세계화에 대한 평가는 세계화의 차원에 따라 달라지는 것 같다. 전체적으로 볼 때 경제적 통합이 정치적 세계화보다 더 위협적인 것으로 간주되는 경향이 있다. 이어지는 1장에서는 경제적 세계화에 관한 주장들을 검토할 것이다. 또한 "정보자본주의"니 "지식경제"니 하는 것들에 관한 주장들도 함께 다룰 것이다.

상호관계의 다른 한쪽 측면, 즉 시간을 초월한 가치들은 2장에서 검토할 것이다. 특히 제3의 길이 말하는 평등과 공동체 개념이 어떤 역할을 하는지에 대하여 특별한 주의를 기울일 것이다. 이 작업은 신노동당의 경제 및 사회 정책을 더 구체적으로 검토할 기회를 제공해 줄 것이다. 특히 신노동당의 정책이 그 지지자들이 주장하는 대로 평등주의적인 것인지, 아니면 그 비판자들이 자주 주장하는 대로 권위주의적인 것인지 하는 문제를 따져볼 것이다. 3장에서는 제3의 길의 국제적 측면을 살필 것이다. 여기서는 정치인들과 이데올로그들의 주장, 즉 점진적으로 민족국가들 간의 경쟁과 강대국들의 전략을 뛰어넘는 세계적 정치질서가 등장하고 있다는 그런 주장을 검토할 것인데, 특히 그 사람들이 그런 주장을 뒷받침하기 위해 활용한 분석까지 검토 대상으로 삼을 것이다.

이 책의 3장에서는 나의 주장이 참인가 거짓인가 하는 것이 더 일반적인 방식으로 아주 뚜렷하게 드러날 것이다. 나의 주장은 이런 것이다 : 제3의 길 주창자들이 제시하는 주장들의 타당성 여부는 블레어나 클린턴 정부와 직접적인 관계가 없는 지식인들, 심지어 신노동당과 그 밖의 모든 제3의 길 정당들에 대하여 아주 비판적인 지식인들의 매우 실질적인 연구성과에 달려 있다. 그러나 나는 다른 사람의 주장을 비판할 때 그 주장의 가장 강한 점도 함께 고려해야 한다고 생각하며, 이런 자세는 진정한 비판의 기본 요건의 하나라고 생각한다. 제3의 길의 경우 자신들의 주장을 뒷받침하기 위하여 다른 사람들의 아이디어를 빌렸지만, 설령 그렇다고 하더라도 그런 주장의 강점도 인정해 주어야 한다.

마지막으로 4장에서는 더 급진적인 버전의 제3의 길부터 시작하여 좌파의 여러 대안들을 살펴볼 것이다. 이 과정에서 나는 현재 우리가 몸담고 살고 있는 이 세계에 적합한 모종의 반자본주의적 입장의 윤곽과 그 몇 가지 기본 요소들을 제시할 것이다. 이런 작업은 이 책의 제목이 선명하게 제시하고 있는 것을 더욱 강조하기 위한 것이다. 즉 이 책은 반자본주의 시각에서 제3의 길을 비판하기 위한 것이다. 나의 다른 책들을 읽은 독자들에게는 이것이 전혀 놀랄 일이 아닐 것이다. 그러나 내가 오랜 세월 혁명적 마르크스주의 신봉자라는 사실 때문에 이 책이 단순한 선입견의 나열에 불과한 것이라 생각하지는 말아주기 바란다. 내가 의식했건 의식하지 않았건 적지 않은 선입견이 드러날 것이지만.

제3의 길 이데올로기를 그저 피상적인 말장난으로 일축해 버리는 많은 비판자들과는 달리, 나는 제3의 길을 그 주창자들의 주장 그대로 일단 진지하게 받아들이려고 노력하였다. 심지어 그 주창자들의 주장이 천박하고 취약한 경우에도, 이런 경우가 아주 많지만, 그래도 그들은 대단히 중요한 문제들을 건드리고 있다. 대표적인 예로서 경제적 · 정치적 세계화의 성격 문제가 그런 문제이다. 분명히 이런 문제들은 파헤쳐 볼 가치가 있는 문제들이다. 비록 이 문제들에 대한 정확한 답변은 신노동당이나 기타 제3의 길 정당들에게 결코 마음 편한 것이 못 되겠지만. 파헤쳐 볼 가치가 있는 문제들을 파헤치는 것인 만큼 이 책은 제3의 길에 대하여 찬성 혹은 반대 입장을 이미 확고하게 굳힌 독자들에게도 재미있을 것으로 기대한다.

어떤 사람들은 반자본주의라는 이 책의 기본 입장 자체를 받아들일 수 없을 것이다. 확실히 역사는 자본주의에 대하여 좋게 말해 왔다. 제프리 아이삭(Jeffrey Isaac)은 기든스를 지지하여 다음과 같이 썼다 : "우리가 물려받은 역사와 우리 인류가 만들어낸 이 세계를 감안할 때 자본주의를 전적으로 대체하는 믿을 만한 대안은 전혀 없다."[28] 물론 이 말의 타당성 여부는 형용사 "믿을 만한"과 부사 "전적으로"라는 단어에 얼마나 큰 비중을 둘 것인가에 따라 크게 달라질 것이다. 인간 세계에서 우리가 '가능한 것'이라고 말하는 것은 이 세계의 구조와 물리적 환경의 구조 속에서 실제로 가능한 것과 가능하다고 인식하는 것, 이 둘 다일 수 있다. 실제로 가능한 것의 범위가 가능하다고 인식하는 것보다 더 넓은 경우가 많다. 20세기 세계사가 던져준 많은 역설들 가운데 하나가 1980년대 말 스탈린주의 정권들의 붕괴인데, 이 사건은 집단적인 정치적 행동의 범위가 그 이전에 대다수 전문가들이 생각했던 것보다 훨씬 더 넓다는 사실을 잘 보여준 사건으로서, 사회적으로 가능한 것에 대한 우리의 지식을 더욱 위축시켰다. 지금 대부분의 사람들은 "자본주의를 전적으로 대체하는 믿을 만한 대안은 전혀 없다"는 사실을 받아들이게 되었다.

그러나 이러한 상황은 이제 바뀌기 시작했다. 지난 20년간 점차 규제도 받지 않고 더욱 세계화된 자본주의에 대한 우리의 경험은 기업 지배 하의, 그리고 상업화된 이 세계에 대한 새롭고 강력한 반란을 낳고 있다. 이 반란은 자본주의의 대안에 대한 새로운 모색을 자극할 것이다. 이 책은 바로 이 새로운 반자본주의 운동에 대한 하나의 기여이다.

1

우주의 주인들

1.1 세계화 논쟁

빌 클린턴은 1992년 뉴햄프셔 주 예비선거 기간 중에 노동자 청중들에게 조금은 과장인 듯한 연설을 한 바 있는데, 조 클레인(Joe Klein)이라는 사람은 이 장면을 다음과 같이 묘사하였다 :

> 그 어떠한 정치인이라도 이같은 조선소 일자리를 다시 되살릴 수는 없습니다. 그리고 여러분들의 노조를 다시 강하게 만들어 줄 수도 없습니다. 어떠한 정치인이라도 옛날을 다시 되살릴 수는 없습니다. 왜냐하면 우리는 지금 새로운 세계, 말하자면 경제적으로 국경이 없는 세계에 살고

> 있기 때문입니다. 눈 깜짝할 사이에 뉴욕에서 버튼 하나 눌러 10억 달러를 도쿄로 보낼 수 있는 세상입니다. 지금 우리는 세계시장을 가지고 있는 것입니다.[1]

이 말 속에는 세계화라고 하는 우리의 핵심 논제가 간명하게 요약되어 있다. 세계적 경제통합, 특히 금융시장의 통합은 '국경 없는 세계'를 만들어냄으로써 민족국가의 자율성을 크게 침해하고 있다. 세계화를 이보다 더 야심차게 정의한 것들도 있다. 세계화에 대한 연구로서 지금까지 나온 것들 중에서 가장 체계적인 것이라고 할 책을 쓴 데이비드 헬드(David Held)와 그 동료들은 세계화를 매우 넓게 정의한다. 즉 "세계화란 문화에서 범죄에 이르기까지, 그리고 금융에서 영적 삶에 이르기까지 현대 사회의 모든 영역에 걸쳐서 전 세계적인 상호 연결이 확대 · 심화 · 가속되는 것이라 할 수 있다."[2]

그러나 세계화 논쟁에서 뜨거운 쟁점이 되고 있는 것은 속도를 더해 가고 있는 국제 경제통합이 어떠한 정치적 결과를 초래할 것인가 하는 문제이다. 제3의 길을 옹호하는 사람들 입장에서 보면, 스탈린주의적인 것이건 사회민주주의적인 것이건 구좌파의 국가주의라는 것을 시대에 뒤진 것으로 만든 것이 바로 경제적 세계화이다. 블레어는 노동당 당수로 취임한 직후부터 이 점을 분명히 했다. 1995년의 한 강연에서 블레어는 "경제정책을 결정하는 맥락은 새로운 세계시장입니다"라고 하면서, 그렇기 때문에 "영국에 어떤 정부가 들어서더라도 그 정부의 활동 범위는 이미 선명하게 제한되어 있습니다"라고 선언하였다.[3]

이런 말은 세계화의 부정적 결과, 즉 세계화가 각국 정책결정자들의 선택 범위를 좁힌다는 측면을 강조하는 것이다. 이보다 나중에 한 연설에서 블레어는 또 다시 세계화의 부정적 측면을 강조하였다 :

> 세계화는 우리에게 경제발전과 물질적 복지를 가져다 주었습니다. 그러나 동시에 세계화는 두려움도 일깨워 주고 있습니다. 학교 운동장에서 어린 애들에게 마약이 전달되고, 또 이 애들은 나로서는 놀랄 수밖에 없이 빠른 속도로 성적으로 성장합니다. 부모들은 하루하루 먹고 살고 가족을 부양하고 또 나이든 친척들을 보살피고 하느라 힘겨운 투쟁을 벌이고 있습니다. 결혼하는 세 쌍 중에 한 쌍이 이혼하는 세계, 수천 마일 떨어진 회의실에서 내린 결정 때문에 일자리가 생길 수도 있고 사라질 수도 있는 세계, 그리고 가족 · 지역사회 · 국가 내부의 결속이 끊임없는 압박과 위협을 받는 세계, 지금 우리는 이런 세계에 살고 있습니다.[4]

세계화에 대한 블레어의 이중적 태도는 제3의 길 사상의 신보수주의적 측면에서 나온 것인지도 모른다. 이런 측면에 대해서는 2장 3절에서 논의할 것이다. 그리고 현재의 세계화 논쟁 가운데는 오늘날의 '모든' 사회적 변화를 세계화에서 말미암은 것으로 간주하는 경향이 있는데, 블레어의 말은 바로 그런 경향을 보여주고 있다. 기든스의 1999년 연설은 세계화의 긍정적 측면을 강조하면서 이 "질주하는 세계"에 대한 따뜻한 평가를 담고 있는 것이기는 하지만 바로 그러한 경향을 보여주는 대표적 사례라 할 수 있다. 기든스는 가족구조의 변화와 이에 따른 남녀평등 압력이 세계화로 말미암아 일어난 "진실로 세계적인 혁명"이라 한다(이 혁명이 구체적으로 어떤 방식으로 세계화에서 기인한 것인지는 전혀 밝히지 않으면서). 다른 유익한 변화들도 역시 동일한 원인, 즉 세계화에서 기인한다고 말한다. "세계화는 위로 끌어올리는 힘으로 작용할 뿐만 아니라, 지역의 자율성에 새로운 압력을 가하는 등 아래로 끌어내리는 힘으로 작용하기도 한다. … 세계화는 세계 도처에서 지역의 문화적 정체성을 되살려야 할 필요성을 일깨워 준다." 이런 식이다.[5]

기든스는 과거 사회이론가로서 경력을 쌓을 때에는 마르크스주의를 계급 환원론으로 규정하고 이에 대항하여 '설명의 다원주의'(explanatory pluralism)를 주창하였다. 그러나 지금은 모든 사회현상을 세계화라고 하는 단일 요인으로 환원시킴으로써 바로 그 자신이 현대 사회에 대한 철저한 환원론적 설명을 하고 있다. 그리고 기든스의 설명은 지금까지 세계화를 둘러싸고 전개되어 온 의미 있는 논쟁들을 거의 무시하는 것이기도 하다. 기든스는 세계화에 대한 회의론자들의 비판에 대하여 인정은 하면서도 박약한 논거를 가지고서, 혹은 아무런 논거도 들지 않으면서 가볍게 일축해 버린다. 즉 회의주의자들은 "정치적 좌파, 특히 구좌파의 입장에 서는 경향이 있다"는 것이다.[6]

그러나 이것은 말도 안 된다. 세계화에 대한 회의론자들은 시장지상주의적 우파에서부터 혁명적 좌파에 이르기까지 모든 정치적 스펙트럼에 분산되어 있다. 여기에는 다양한 학파의 다양한 학자들이 포함된다. 마르크스주의 정치경제학자인 하만(Chris Harman) 같은 사람은 물론이고, 국제관계론의 소위 현실주의 학파의 거두라 할 왈츠(Kenneth Waltz), 베버주의 역사사회학자인 만(Michael Mann) 같은 사람도 있다.[7] 뿐만 아니라 기든스는 세계적 경제통합이 국가간의 차이를 말살한다고 생각하는 사람들을 "급진주의자들"이라 부르는데, 만일 우리가 이런 사람들을 정직하게 평가한다면 이 마르크스주의자들의 선구적 연구업적에 점수를 주지 않을 수 없다. 1980년대에 해리스(Nigel Harris)는 경제적 세계화에 대한 엄격한 설명으로 이 분야 연구를 선도하였다. 역시 1980년대에 이루어진 것이지만 최근에 앤더슨의 지지를 받은 제임슨(Frederic Jameson)의 포스트모더니즘에 대한 탁월한 해석은 세계화를 자본주의 발전의 새로운 "다국적"(多國的) 국면의 문화적 상관계수로 분석하였다.[8]

헬드와 그 동료들은 세계화 문제를 훨씬 더 조심스럽게 다룬다. 이 사람들은 "자유주의적 전통, 보수주의적 전통, 마르크스주의적 전통 등 사회 연구의 3대 전통 가운데 그 어느 것도 사회 · 경제적 현상으로서 세계화라는 것에 대하여 합의된 시각을 갖지 못하고 있다"는 사실을 인정한다. 그리고 이 사람들은 세계화 논쟁을 다음과 같은 3대 진영 간의 논쟁으로 여긴다. 먼저 "초세계화론자들"이 있다. 이 사람들은 민족국가를 시대에 뒤진 것으로 선언한다. 그리고 허스트(Paul Hurst)와 톰슨(Graeme Thompson) 같은 "회의론자들"이 있다. 이 사람들은 "세계화란 본질적으로 신화이다. 현재의 국제경제는 참여 각국 정부가 강력한 힘을 행사하는 3개의 블록으로 쪼개지고 있는데, 세계화는 바로 이와 같이 쪼개지고 있는 국제경제의 현실을 감추기 위한 신화이다"라고 주장한다. 마지막으로 "변형론자들"이 있다. 이 사람들은 "현재 이루어지고 있는 세계화는 역사상 전례 없는 것으로서, 세계 각국과 각 사회들이 더욱 더 상호 연결되었지만 고도로 불안정한 이 세계에 적응하려고 노력하는 과정에서 중대한 변화를 경험하고 있다"라고 한다.[9]

헬드와 그 동료들은 또한 세계화를 주로 경제적인 현상으로

만 국한해서 볼 것이 아니라 복합적이고 다차원적인 과정으로 봐야 한다고 주장한다. 이 사람들은 세계화를 하나의 과정(혹은 과정의 집합체)으로 개념화할 것을 제안한다. 즉 세계화란 "사회적 관계와 거래의 공간적 조직화에 있어서의 변형을 구현하는 하나의 과정 혹은 과정의 집합체이다. 이 변형은 그 외적 확장성, 내적 밀도, 속도, 충격이라는 차원에서 평가해야 하는 것이다. 이러한 변형은 활동, 상호작용, 힘의 행사 등의 대륙 간, 지역 간 흐름과 그 네트워크를 낳는다."[10] 이렇게 이해하면 세계화란 시대에 따라 상이한 "역사적 형태"를 취하지만 현대 이전과 이후 시대를 관통하는 초역사적 현상으로 간주해야 할 것이다.

헬드와 그 동료들은 세계화의 심화가 어느 한 가지 요인으로 환원할 수 없는 많은 요인들의 우연한 결과라고 조심스럽게 강조한다. "하나의 역사적 과정으로서 세계화는 진화 논리나 어느 한 가지 주요 목적인(目的因, telos)으로 특징지워질 수 없는 것"이라 한다.[11] 그리고 이 사람들은 자신들의 주장을 학술적이고 엄격한 방법으로 제시한다. 그럼에도 불구하고 이 사람들이 세계화를 개념화하는 방법 그 자체가 지닌 전반적 효과는 회의론자들에 대한 반론을 사전에 내포하는 것이다. 세계화를 초역사적 과정으로 묘사하고 따라서 그때그때 세계화의 모습만 다를 뿐이라고 주장하는 것은 논쟁을 하지 말자는 것이나 다름없다. 즉 세계화는 하나의 현실이며, 이제 남은 문제는 세계화의 역사적 진화가 구체적으로 어떤 모습을 띠고 나타나는가, 이것 하나밖에 없다는 것이다. 그리고 논쟁 참가자를 세 개 진영으로 나눈 것 역시 이와 비슷한 말장난이다. 즉 저자들은 강경한 세계화 옹호론자들과 온건한 "변형론자들"을 구분하고서, 이 변형론자들(여기에는 기든스도 포함시켰다)을 "초세계화론자들"

및 "회의론자들" 두 개 진영의 오류를 극복하고 그 진리를 흡수하여 변증법적 합명제를 도출한 사람들로 그리고 있다.

내가 보기에 훨씬 더 유익한 분류는 추진자들과 비판자들, 이 두 개 진영으로 나누는 것이다. 특히 1990년대에 미국이 누렸던 장기적인 호경기의 결과로서 세계 자본주의의 미래에 대한 터무니없는 낙관론이 정책 논쟁이나 학술 논쟁에 단골손님으로 등장하게 되었다. 오랫동안 미국 연방준비제도이사회의 의장을 지낸 조심성 많은 앨런 그린스펀(Alan Greenspan)을 미국 "신경제"를 찬양하는 찬송가 가수로 만든 것 역시 이런 분위기 탓이다. 그런 엉터리 낙관론은 증권시장 활황으로 나타났다. 1929년 10월에 월스트리트가 갑자기 붕괴한 역사적 사실을 알고 있는 사람들에게는 전혀 낯설지 않은 현상이다. 닷컴 회사와 전자상거래에 대하여 끊임없이 쏟아내는 찬양은 심지어 "고품질" 언론매체들도 마다하지 않았다. 단, 2000년 봄에 이 분야 시장이 갑자기 붕괴할 때까지. 아마도 역사는 스스로 반복하게끔 설정되어 있는지 모른다.[12]

어찌 되었건 미국 (그리고 잠재적으로는 세계) 자본주의가 과거의 제약(制約)으로부터 벗어나 앞으로 무한대로 확장될 것이라는 주장에 회의적인 사람들은 비단 마르크스주의자들만이 아니다. 나중에 좀더 상세히 살펴보겠지만, 로버트 고든(Robert Gordon), 윈 고들리(Wynne Godley), 빌 마틴(Bill Martin) 등과 같은 소위 정통 경제학자들도 그런 사람들이다. 추진자들과 비판자들을 구분하는 선은 세계화에 대한 입장 차이를 넘나들 수 있는 것이다. 즉 지난 한 세대 동안 세계의 경제적 통합이 질적으로 심화되었다고 믿는 것과 그 결과는 경제적 불안정의 심화로 나타날 것이라고 믿는 것, 이 두 가지 믿음을 동시에 갖는 것은 논리적으로 완전히 일관된 것이다. (내 자신의 견해도 대략 이런 것이다.) 나는 세계화 논쟁에 가담한 사람들을 분류할 때 이런 식으로 분류하는 것이 더 재미있다고 생각한다. 왜냐하면 현 시기에 가장 중대한 지적(知的) 위험은 비판적 사고가 "신경제"에 대한 엉터리 낙관론의 홍수에 잠겨버리지 않을까 하는 것이라 생각하기 때문이다.

추진론과 비판적 사고는 한 사람 안에서 공존할 수도 있다. 영국 정부의 고문인 레드비터 같은 사람은 매우 예외적인 경우로서 희석되지 않은 순수한 추진론자이다. 기든스의 최근 저서를 보면 추진론이 진지한 사회적 사고를 압도하려고 하는 듯하다. 그러나 다른 학자들은 양자의 불안정한 조합상태를 보여준다. 카스텔스(Manuel Castells)의 기념비적 저서 『정보시대』(*The Information Age*)를 보면 그가 이름붙인 "정보자본주의"에 대한 무비판적인 찬양에 맞서서 싸우는 진지한 분석 전쟁이라는 말이 나온다. 이런 논의에 대해서는 아래 3절에서 좀더 상세히 다룰 것이다.

이하에서는 경제적 세계화의 정도와 함의(含意)에 초점을 맞출 것이다. 헬드와 그 동료들은 이런 접근방법을 너무 "경제주의적"이라 비판할지도 모르지만.[13] 내가 이렇게 하는 이유는, 이미 언급하였지만, 제3의 길 이론가들 입장에서 보면 경제적 세계화가 자기들의 접근방법과 구좌파의 접근방법을 구분하는 데 결정적으로 중요한 주제이기 때문이다. 정치적 세계화에 대한 논의는 3장으로 미룬다.

1.2 정치의 한계

좌파의 전략이라는 관점에서 볼 때 세계화에 대한 논쟁의 초점은 다음의 두 가지이다 :

1. 지난 1세기 동안 세계적 경제통합의 질적인 심화가 이루어졌는가?
2. 위 질문에 대한 답이 "그렇다"이면 정치적 행동이 세계 자본주의를 변형은 고사하고 통제도 할 수 없다는 것을 뜻하는가?

질문 1과 관련하여 1세기라는 기간은 긴 시간일지 모르겠다. 그러나 허스트와 톰슨 같은 핵심 회의론자들의 주장을 감안하면 그와 같이 장기적인 역사적 시각에서 이 문제를 제기하는 것이 매우 중요하다. 이 사람들은 세계적 경제통합의 수준—이것은 선진국들의 대외무역과 국제 금융시장에 대한 의존도로 측정한다—은 20세기 말과 제1차 세계대전 이전이라는 두 시점에서 비교가 가능하다고 주장하기 때문이다. 현재 우리가 세계화되고 있는 경제 속에서 살고 있다는 의식은 1914년부터 1945년까지의 위기 기간에 세계시장이 자급자족적인 몇 개의 블록으로 쪼개졌고, 이로 말미암아 1914년 이전에 이루어졌던 국제통합의 수준이 약간 낮아졌다는 역사적 사실에 크게 영향을 받은 것이다. 그래서 지난 한 세대 동안의 세계화는 소위 **유럽 평화시대**(Belle Époque, 19세기 말부터 제1차 세계대전 직전까지의 시대역자주)에 이루어졌던 통합된 세계경제로 복귀한 것으로 이해되곤 한다.[14] 뿐만 아니라 해외 직접투자와 국제무역은 선진 자본주의 국가들(북미, 유럽연합, 일본의 소위 3인조) 사이에 집중되어 있어 진정한 세계화와는 거리가 멀고, 또 이러한 세계화의 주된 수행자인 다국적기업들의 자산, 판매, 생산 역시 해외에 분산되기보다는 모국 경제에 집중되어 있다.[15]

이에 대응하여 헬드와 그 동료들은 국제무역이 그 절대 규모로 보나 전체 생산에서 차지하는 상대 규모로 보나 전례 없는 수준으로 늘어났음을 지적한다. 이 사람들은 국제 자본이동의 순규모가 1914년 이전 시기에 비해 낮다는 사실을 인정하지만 "오늘날 전례 없는 수준의 자본이동 총액과 자본의 높은 이동성을 그렇게 쉽게 에누리해서는 안 된다"라고 주장한다. 또한 이 사람들은 세계적인 생산 시스템이 등장하고 있다고 주장한다 : "흔히들 경제적 세계화를 세계시장의 확대로만 이해하는데, 다국적기업과 세계적 생산 네트워크의 성장은 그것과 전혀 다른 차원의 것을 보여주고 있다. 즉 회사들 간에 시장을 경유하지 않고 생산과 유통을 담당하는 초국가적 조직이 성장하고 있다."[16]

경제적 세계화와 관련하여 이 사람들이 조심스럽게 제기한 주장들의 합리적 핵심을 추려내면 한편으로 고도로 통합되고 기동성을 가진 금융시장의 등장, 다른 한편으로 다국적기업과 그 자회사들에 의해서 상품의 생산과 유통이 국경선을 가로질러 조직되는 경향, 이 두 가지이다. (이 사람들이 강조하는 바에 따르면 국제무역의 증대는 이 후자의 경향과 불가분의 것이다.) 하만은 허스트와 톰슨 두 사람이 양적 비교에 지나치게 의존하였다고 지적한다 :

> 대외무역과 해외투자의 수준이 현재보다 1914년에 더 높았다는 사실이 곧 생산의 조직과 관련하여 그동안 아무런 변화가 없었다는 사실을 뜻하는 것은 아니다. 똑같은 10억 파운드를 투자한다고 해도 그 돈을 서로 경쟁하는 100개의 공장에 투자하는 것과 각 공장이 하나의 생산과정 속에서 서로 다른 역할을 수행하는 한 조(組)의 공장들에 투자하는 것은 아주 다른 얘기이다.[17]

그러나 허스트와 톰슨 두 사람의 주장이 지닌 약점 때문에 다국적기업을 어느 국가의 기지도 털어버릴 수 있는, 진짜로 '발목 잡히지 않은' 기업으로 생각해서는 안 된다. 하만이 강조하듯이 해외직접투자는 소위 '도요타 모델'의 형태를 취하는 경우가 많다. 도요타 모델이란 이런 것이다. 즉 다국적기업은 해외에 자회사를 설립하는 데 그치지 않고 완제품 생산 공장에 필요한 부품과 기타 원자재를 공급하는 현지 납품업체들의 네트워크를 구축한다. 이 결과는 상호 의존관계의 형성이다. 물론 이 관계에서 납품업체들은 외국회사의 압력에 취약해진다. (최근의 예로 영국에 본사를 둔 자동차 다국적기업이 현지 납품업체들에게 비싼 파운드화가 아닌 싼 유로화로 납품 대금을 청구하라고 요구하였다.) 이와 동시에 현지 자회사의 관리자들은 자기네의 이익이 납품업체들의 이익과 일치한다고 생각하기 쉽고, 그래서 이 공통의 이익이 반영되는 방향으로 현지 정부에게 정치적 요구를 제기하기 쉽다. 현지 자회사를 문 닫게 함으로써 이와 같은 미묘한 거미줄을 끊어버리는 일은 비용이 매우 많이 드는 어려운 결정이 될 것이다. (그러나 그럼에도 불구하고 그런 조치가 가끔은 취해진다. 최근 영국에서 다국적기업의 지사들을 문 닫게 한 사례가 있다).[18]

마지막으로, 현재 우리가 목격하고 있는 경제적 세계화는 국가 개입에 의존한 것이다. 이 논점은 카스텔스가 아주 설득력 있게 제시한 것인데, 기든스와 레드비터 같은 제3의 길 이데올로그들이 세계화에 대한 자신들의 주장을 뒷받침하기 위해서 카스텔스의 이 논점을 자주 인용하기도 한다. 카스텔스의 주장은 이렇다 : 세계화는 "정부의 의도적인 정책에 의해 가능해졌고 또 대체로 유도된 것이다. 세계화는 시장에 의해 만들어진 것이 아니라 한편으로 시장, 다른 한편으로 정부와 국제 금융기관들(이 기관들은 시장을 대신하여 행동하거나, 아니면 시장은 모름지기 이러한 것이어야 한다는 자기네들의 인식에 따라 행동한다), 이 양자 간의 상호작용에 의해 만들어진 것이다." 세계화의 기초를 만든 것은 국가의 3대 정책, 즉 탈규제, 무역자유화 그리고 민영화 정책이다. 결국 세계경제는 정치적으로 형성된 것이다.[19] 장기적인 안목에서 볼 때 이런 주장은 결코 놀랄 만한 주장이 아니다. 칼 폴라니(Karl Polanyi)의 저 유명한 주장을 다시 들어보자 : 유럽에서 노동, 토지, 돈 시장이 형성된 것은 인간 본성의 요구에 부응하는 것과는 아주 거리가 멀다. 그것은 대대적이고 국가주도적인 유럽 사회의 재편성이 있어야만 가능한 일이었다.[20] 현재 우리가 보고 있는 것은 전 세계 수준에서 이루어지고 있는 이와 유사한 과정이다. 이 과정은 서방의 정부들이 IMF나 WTO 같은 기구들을 통하여 신자유주의 정책에 걸림돌이 되는 국가적 장벽을 허물어 버리고자 하는 과정이다.

그래서 질문 1에 대한 답변은 충분히 증명된 '그렇다'이다. 세계적 경제통합의 질적인 심화가 이루어져 왔다. 질문 2는 어떠한가? 정치적 행동의 범위가 지나치게 축소되어 자본주의의 통제 혹은 변형의 희망을 아주 포기해야만 하는가?

정치적 행동의 범위가 좁아졌다는 인식은 분명히 널리 퍼져 있다. 한 가지 충격적인 예는 바로 제3의 길의 정치적 저자인 클린턴 자신이 제공한 것이다. 우드워드(Bob Woodward)라는 사람이 쓴 책을 보면, 클린턴 취임 직전인 1993년 1월 7일에 리틀 락이라는 곳에서 회의가 있었다. 이 자리에서 앨런 블라인더와 기타 경제학자들이 클린턴에게 대통령의 가장 시급한 최우선 과제는 선거에서 공약으로 내걸고 또 그 덕에 당선된 알량한 개혁 공약이 아니라, 신경이 곤두서 있는 증권시장과 연방준비제도이사회를 설득하여 금리를 인하하게 만들기 위하여 연방 예산을 1,400억 달러 삭감하는 것이라고 설명하였다 :

> 대통령 당선자 클린턴의 얼굴이 분노와 불신으로 붉게 물들었다. "지금 나의 개혁 프로그램의 성패와 재선 여부가 연준과 그 빌어먹을 증권 딜러들 손에 달려 있다고 말하는 겁니까?"라고 되물었다.
>
> 회의 테이블에 앉은 모든 사람들이 고개를 끄덕였다. 아무도 반대하지 않았다.
>
> 블라인더가 보기에 클린턴은 바로 그 순간에 자신의 운명이 선출되지 않은 앨런 그린스펀과 증권시장 손아귀로 들어가고 있다는 사실을 깨달은 것 같다.[21]

한 걸음 더 나아가 1993년 4월 7일에 있은 백악관 회의에서 클린턴은 그런 전략의 결과에 대하여 분노를 터트렸다 :

> "민주당원들 모두 어디 갔어요?" 클린턴이 고함쳤다. "당신들 모두

> 아이젠하워 식 공화당원들이라는 사실을 알아주었으면 고맙겠군." 이 말을 하는 클린턴의 목소리는 완전히 빈정대는 투였다. "여기 있는 우리 모두가 다 아이젠하워 식 공화당원이고 지금 우리는 레이건 식 공화당원들과 싸우는 중이오. 우리는 재정적자 축소, 자유무역, 증권시장을 위해 일하고 있소. 이거 멋지지 않소? … 보통 사람들에게 무언가 줄 게 있어야 하지 않겠소? … 그 사람들에게 달리 줄 게 없다면 적어도 건강보험 정도는 주어야 한단 말이오"라고 덧붙인다.[22]

결국 건강보험 개혁안도 클린턴의 첫 번째 임기 중에 죽어버린 많은 개혁안 가운데 하나가 되었다. 위에서 묘사한 장면은 대통령 탄핵 시도의 여파 가운데 하나이다. 그러나 히친스(Christopher Hitchens)의 논평은 인정사정 보지 않고 얄미울 정도로 정확하다 : "클린턴 대통령의 공화당원 정신은 사실 아이젠하워 수준에도 못 미치는 것이다. 클린턴의 정책은 아이젠하워보다 훨씬 더 극단적인 공화당원인 앨런 그린스펀이나 딕 모리스 쪽으로 치우쳐 있다. 그 노장군의 군산복합체에 대한 깊은 걱정 같은 것은 전혀 찾아볼 수 없다."[23]

딕 모리스(Dick Morris)는 공화당의 정치고문인데, 건강보험 개혁안이 좌절되고 또 뉴트 깅리치(Newt Gingrich)가 이끈 공화당이 1994년 중간선거에서 압승을 거둔 이후 클린턴에게 정치적 만회를 위한 조언을 해주었다. 소위 3각 측량 작전을 고안한 사람이 바로 모리스이다. 이것은 1996년에 공화당의 옷을 훔쳐 백악관에 걸어둔다는 것이다. 그 가장 얄미운 결과가 바로 복지 "개혁" 법안에 클린턴이 서명하는 것으로 나타났다. 또 다른 일화도 있다. 이번에는 클린턴 집권 1기에 노동장관을 지냈던 로버트 레이치(Robert Leich)이다. 이 사람은 그 작전을 낳은 기본 발상이 무엇인가를 잘 보여준다 :

어느 날 웨스트 윙 복도에서 만난 모리스는 나에게 이런 말을 했다. "자네, 이걸 알아야 하네. 클린턴은 바람이 오른쪽으로 불면 오른쪽으로 항로를 돌리고 왼쪽으로 불면 왼쪽으로 돌리지. 그런데 지금은 바람이 오른쪽으로 불고 있고, 그래서 클린턴이 우향우 하고 있는거야. 하지만 그 사람은 항상 최종 목적지를 알고 있지."

"그게 어딘데, 딕?" 내가 물었다.

그러자 모리스는 별로 웃지도 않으면서 "백악관이지. 4년 더 말이야"라고 대답하였다.[24]

레이치는 클린턴 1기 내각 안에서 유럽 식 사회민주주의에 가장 가까운 사람이었다. 이 사람은 교육과 훈련을 개선하는 데 공적인 투자를 늘림으로써 미국 경제의 경쟁력 제고와 사회적 불평등 완화라는 두 마리 토끼를 다 잡겠다는 전략을 세운 사람이다. 이런 전략은 고든 브라운 주도 하에 개발된 영국 신노동당 경제정책에 큰 영향을 주었다(2장 2절 참조). 그러나 이 사람의 회고록은 클린턴이 우향우 하고 있는 동안에 사회적 분열이 유감 없이 확대되었다는 사실을 아주 재치 있게, 그러나 낙담스럽게 잘 묘사하고 있다. 더 슬퍼진 (아마 더 현명해진) 레이치가 워싱턴을 떠난 지 근 4년이 지났을 때 로버트 폴린(Robert Pollin)이라는 사람이 1990년대 클린턴의 경제실적에 대한 다음과 같은 악평을 내놓았다 : "클린턴 행정부의 본질적 특성은 정부지출의 전면적 삭감, 자유무역에 대한 사실상 근거 없는 열정, 금융시장에 대한 탈규제, 미온적이고 일관성 없는 노동시장 규제, 이런 것들로 규정된다."[25]

우드워드가 재미있게 재현해낸 장면들은 그러한 경제실적이

처음부터 클린턴에 의해 의도된 것은 아니라는 사실, 나중에 클린턴이 주관적으로 그러한 방향 전환을 결정하였다는 사실, 물론 그런 결정은 재선에서 이기고 싶은 흔들리지 않는 욕심과 "연준과 그 빌어먹을 증권 딜러들"로부터 오는 제도적 압력에 의한 것이라는 사실을 암시하고 있다. 이 결과 카스텔스가 지적하듯이 "클린턴 행정부는 사실 진정한 정치적 세계화 추진자이다." 워싱턴 합의를 철저히 옹호하고, 북미자유무역협정(NAFTA) 비준을 위해 민주당의 거센 저항을 극복하며, 세계무역기구(WTO) 설립을 주도했다는 점에서 그러하다.[26]

이같은 클린턴의 변신과 관련하여 무언가 추가할 것이 있다면 그것은 다음의 두 가지이다. 첫째, 클린턴 집권 초기와 신노동당 집권 초기는 엄청나게 대조적이다. 블레어와 브라운은 세계적 대자본이 부과하는 구조적 제약에 전혀 시달리지 않았음에도 불구하고 대기업들의 요구에 자진해서 부응하려 하였다. 예를 들어 보수당이 설정한 정부 예산삭감 목표를 1997년 1월에 이미 그대로 수용하였으며, 그해 5월 취임하면서 곧바로 금리 결정권을 영국은행에 넘겼다. 이와 같이 스스로를 부정하는 조치들은 1960년대와 1970년대 노동당 정부 시절에 겪었던 쓰라린 경험 탓인지도 모른다. 그러나 이런 조치들을 보면 아주 잠깐이나마 취임 초 클린턴이 취임 초 블레어보다 왼편에 서 있었다고 말할 수 있다.[27]

둘째, 위에서 과거 노동당 정부 시절을 언급할 때 충분히 암시되었지만, 이런 얘기는 흔해 빠진 얘기이다. 클린턴이 잃어버린 개혁안에 대하여 분노를 터트렸다고 하는데, 그때 클린턴의 심정은 다른 정치지도자들을 떠올리게 한다. 예를 들어 1964년 10월 선거에서 노동당이 승리하여 수상으로 취임한 해롤드 윌슨이 영국은행 총재 크로머 경과 맞선 일이 있다. 당시 크로머는 파운드화의 가치를 안정시키기 위하여 공공지출 삭감을 요구하였는데, 이미 유명한 얘기가 되었지만 이 대결 장면을 윌슨은 다음과 같이 묘사한다 :

> 내가 이런 말을 한 것은 처음이 아니다. 내 말은 이런 것이다. 국민의 위임을 받아 새로 선출된 정부가 영국은행 총재뿐만 아니라 해외의 논객들로부터도 우리가 선거전에서 내걸고 싸웠던 정책들을 실행에 옮기는 것이 불가능하다는 말을 듣는 상황, 새 정부는 우리가 근본적으로 반대하였던 보수당의 정책들을 채택하지 않으면 안 된다는 말을 듣는 상황, 지금 우리는 바로 이런 상황에 처해 있다고. 총재는 실제의 상황이 바로 그러하다고 답했다.
>
> 나는 총재에게 물었다. 그렇다면 어떠한 정부도 그 당의 이름이야 무엇이고 또 선거전에서 내세웠던 당의 강령이나 정책이 무엇이고 관계없이 즉각 보수당의 정책으로 전면 전환하지 않으면 살아남지 못한다는 뜻이냐고. 그러자 총재는 결정적인 경제력을 행사하는 사람들의 경제적 강압 때문에, 바로 그것 때문에 자신의 주장이 뜻하는 바가 바로 그런 것이라고 시인하지 않을 수 없었다.[28]

그러나 이런 일은 늘 있는 불상사이다. 개혁적인 정부가 대표적인 예로 금융시장에서 일시에 돈이 빠져나가 버리는 것과 같은 경제적 압박에 의해 좌절한다는 얘기는 사회민주주의의 역사만큼이나 오래 된 얘기이다. 블레어 정부는 1924년 단명으로 끝난 맥도날드 정부 이래 대규모 금융위기를 겪지 않은 최초의 노동당 정부이다. 보통 금융위기의 효과는 정부를 치명적으로 약화시키는 것으로 나타난다. 심지어 강력한 애틀리 개혁 정부도 1947년 8월 파운드화 태환 조치로 터진 위기 때문에 그렇게 되었고, 1931년 8월의 소위 "은행가들의 협박"에 의해 몰락한 맥도날드 2차 내각도 그런 운명을 겪었으며, 1967년 11월의 평가절하로 최고조에 달한 일련의 패닉으로 인하여 윌슨 정부 역시 그런 운명을 겪었고, 1974-1976년의 전후(戰後) 최대 경기침체가 시작될 무렵 적자를 내는 자본과 전투적인 노동운동 사이에 끼어 고전한 윌슨-캘러한 정부 역시 그러했다.

이러한 역사적 사실은 세계화가 정부의 행동에 대한 전적으로 새로운 제약을 가져왔다는 주장에 적어도 의심은 가게 만든다. 금융시장이 현재보다 훨씬 더 엄격하게 규제될 때에도 역대 노동당 정부는 자본의 해외 이탈로 인하여 노선을 바꿀 수밖에 없었다. 지난 20년간의 탈규제와 금융시장 통합의 심화가 국가의 행동에 가해지는 구조적 한계를 '강화' 했는지는 모르지만—크로머 총재가 표현한 (윌슨에 의하면) "결정적인 경제력을 행사하는 사람들의 경제적 강압" 같은 것처럼—그런 한계를 '창조' 한 것은 아니다.

물론 지난 20년간 사회민주주의 정치인들이 시장에 의해 좌절을 겪은 사례가 많았던 것은 사실이다. 그런 사례 가운데 미테랑 대통령 취임 초기 프랑스 사회당이 겪은 일이 가장 중요한 사례이다. 1981-1983년 시기에 일련의 통화위기가 이어졌는데, 이로 인하여 사회당 정부는 케인즈 식의 통화팽창 정책과 전면적 국유화 정책을 포기하고 그 대신 대처리즘 정책들을 채택할 수밖에 없었다. 최근의 예로 독일의 좌익 사회민주주의자 라퐁텐이 1999년 3월에 재무장관 직에서 축출된 일이 있다. 독일 대기업들이 연합하여 이 사람의 조세정책 제안을 집중 공격한 다음에 일어난 일이다.《파이낸셜타임즈》지는 이 사건을 빗대서 "독일 산업지도자들이 전리품 요구를 하고 나섰다"고 꼬집었다. 이 신문은 약간 고소해 하면서 이 사건을 미테랑의 경우와 비교하였다 : "미테랑 정부가 방향 전환을 하는 데는 2년이 걸렸다. 라퐁텐이 유럽중앙은행과 해외로 이동하겠다는 협박을 가하는 독일 기업들의 합작 저항으로 물러날 때까지의 기간이 4개월 남짓밖에 되지 않았으니 기간을 많이 단축시킨 셈이다."[29]

그러나 앞에서 간략히 추려본 역사에 비추어 볼 때 이런 에피소드들은 물론 매우 중요하지만 '세계화'가 정부에 미치는 충격을 설명하기에는 좀 부족한 것들이다. 그보다는 이런 사례들은 국내 및 해외 자본의 활력을 위협하는 행동을 하지 못하게끔 정부에게 가하는 '자본의 압력'에 의한 근본적인 제약을 설명하는 사례로 더 적합한 것들이다. 라퐁텐의 실각은 독일 자본의 승리이다. 이것은 이름 없는 다국적기업이나 한 세대 전에 해롤드 윌슨이 비판한 "취리히 금융업자들"의 승리가 아니라 이를 테면 22명의 독일 기업인들의 승리이다. 이 사람들은 슈뢰더 수상에게 재무장관 교육 똑바로 하라고 요구한 바로 그 사람들이다. 경제적 세계화의 정치적 함의에 대한 논의들 가운데 대부분이 경제통합의 심화가 가져오는 진정한 결과와 직선적으로 말해서 자본의 재생산에 필요한 기본적 요건이 양자를 제대로 구분하지 못함으로써 결함을 드러내고 있다.

1.3 "신경제"라는 신화

그럼에도 불구하고 지금 우리가 새로운 세계에 살고 있다는 인식은 제3의 길 사고의 핵심 부분으로 남아 있다. 그래서 블레어는 다음과 같이 선언한다 : "지금 우리는 200년 전에 시작된 산업혁명 시기와 유사한 대대적인 경제적 · 기술적 · 사회적 변동의 한가운데 있다고 말해도 결코 과장이 아니라고 생각합니다."[30] 블레어의 고문 레드비터가 쓴 『엷은 공기로 살기』(*Living on Thin Air*)라는 책은 블레어의 시각에 알맹이를 채워넣기 위한 시도이다. 아주 잘난 척하는 문체로, 자서전적인 독백으로 가득 찬, 그리고 활력에 넘치는 "지식 장사꾼"의 초상화를 펜으로 그려내고 있는 이 책은 현대 자본주의를 찬양하기 위해 부르는 찬송가인 새뮤얼 스마일즈의 책 『자조론』(*Self Help*)의 최신 버전이다.[31]

사실 레드비터는 정말 자신이 자본주의를 연모(戀慕)의 대상으로 삼고 있는지에 대하여 애매한 태도를 취하는 사람이다. 그는 "우리는 탈자본주의 사회로 나아가고 있다"라고 말한다. 또 이 사회는 "개방적이고 혁신적인 동시에 포용적이고 협력적인 사회"라고 말한다. 이러한 이상사회로 우리를 이끄는 힘은 '지식경제'이다. 이제 우리는 물질적 재화의 실제 생산을 통하여 생존을 유지하는 것이 아니다 : "이제 우리는 다 엷은 공기 사업에 종사하고 있다. … 현대 경제의 진짜 재산은 땅에서 나오지 않고 바로 우리 머리에서 나오는 것, 즉 아이디어, 지식, 기술, 재능, 창의성 이런 것들에서 나오는 것이다."[32]

오늘날 성공적인 기업은 인기 있는 상표를 잘 활용할 줄 아는 기업이다. 그리고 상표를 잘 만든다는 것은 제품을 잘 만든다는 것과는 무관하다. 이런 기준에서 좋은 기업이란 과학에 기반을 둔 사회가 만들어내는 새로운 지식을 잘 활용할 줄 아는 기업을 말한다. 이런 일을 가장 잘 할 수 있는 것은 거대 다국적기업이 아니라 더 작고 자율적으로 움직이는, 기업가정신에 충만한 회사들이다. 이런 회사들은 탈중앙화된 네트워크를 구성하는 비공식적 · 비관료적 구조를 가진 회사들이다. 따라서 새로운 "지식자본주의"는 경제력의 집중이 아니라 경제력의 분산을 가져온다. 그러므로 제3의 길 식으로 말하자면 우리는 우리 나름의 떡을 가지고 있고 또 먹을 수 있다. 즉 신우익이 찬양해 마지않는 자본주의적 활력과 구좌파가 추구하는 사회정의를 결합할 수 있다는 주장이다.

이런 주장은 많은 것을 생략해야만 가능한 주장이다. 여기에는 창의성이 곧 기업가정신이라는 등식이 포함된다. 레드비터의 설교 중에는 이런 것도 있다. 노동계급을 협살(挾殺)하기 위한 정말로 좋은 방법을 고안한 사람들 얘기 말이다. 의문부호를 붙일 필요 없이 존경할 만한 이런 사람들은 기업의 이윤추구에 필요한 능력을 갖춘 소위 "사회적 기업가"이다. 이 사람들은 기업인에게 요구되는 이윤 획득 기술을 여느 기업인과 마찬가지로 가지고 있는 사람들이다. 이런 식으로 사기업에게 그럴 듯한 핑계를 제공해 주고, 또 이와 동시에 자유기업 모델이 빈곤과 불평등 문제의 해결책인 양 암시한다. 그런 한편으로 "지식자본주의"라는 용어 자체에 함축되어 있듯이, 그리고 레드비터가 못 박고 있듯이 과학적 혁신은 사적 영역의 배타적 재산이다. 그런데 문제는 레드비터 자신도 가끔은 인정할 수밖에 없는 일로서 그것이 틀린 말이라는 것이다. 레드비터가 입에 침이 마르도록 찬양해 마지않는 기술 변화를 가져오는 과학적 연구는 주로 공적 영역에서 이루어진다 : "과학적 지식의 폭발적 증가는 연구분야에 대한 국가의 대규모 투자, 특히 양차 대전과 냉전을 거치면서 이루어진 그런 투자 때문에 가능해진 것이다."[33]

인터넷이 아주 좋은 예이다. 인터넷은 국방부 산하 연구소인 DARDA의 발명품이다. 카스텔스가 지적하듯이 "미국뿐만 아니라 전 세계적으로 IT혁명의 선도자는 혁신적인 기업인이 아닌 국가였다."[34] 사실 레드비터가 찬양하는 지식기업은 공적 자금으로 이루어진 기초 연구 결과를 탐욕과 야심에 가득 찬 개인들이 훔치는 과정을 거쳐 가능해진 경우가 많다. 레드비터 자신도 다소 비유적인 방식이지만 이 점은 인정한다 : "대학은 지식경제의 노천 광산이어야 한다."[35] 따라서 새로운 "탈자본주의"라는 것은 공적 자금으로 이루어진 연구를 빼앗아 사용하는 일종의 기생충 같은 존재로 드러난다. 레드비터가 과학 연구의 전체 과정에 아주 심각한 위협이 되고 있는 것에 대하여 무언가 일관성 있거나 흥미로운 주장을 내놓지 못한다는 사실은 결코 놀랄 일이 아니다. 그것은 바로 미국 정부와 유럽연합이 기업들에게 유전자 특허권을 인정해 준 사건을 가리키는 것이다. 너무나 탐욕스러워서 이 세계 자체를 소비할 뿐만 아니라 과학적 연구에 의해 새롭게 드러나는 자연의 추상적 자산까지 소비하고자 기를 쓰고 덤비는 자본주의, 이런 자본주의는 레드비터가 그려내는 장밋빛 미래와는 거리가 먼 것이다.

레드비터가 부정적 측면을 전적으로 무시하는 것은 아니다.

그가 사랑하는 실리콘 밸리도 "시민문화 부문이 취약하고 … 매우 불평등한 사회"라는 점을 인정한다. 사실 레드비터는 다음과 같이 양보하는 선까지 갔다 : "나는 현 단계의 세계화가 빚어낸 심각하고 만성적인 불안정과 불평등이 대부분의 사람들에게 가장 큰 문제가 되고 있다는 사실, 그리고 불평등의 심화 문제를 해결하기 위하여 내가 이 책에서 제안한 조치들이 충분치 않다는 사실을 잘 알고 있다." 이런 말은 몇 번이고 되풀이할 수 있다. 레드비터는 "우리는 혁신하고 또 포함시켜야 한다"라고 말하기도 한다. 그러나 그가 내놓은 공공정책 제안들의 전반적 흐름은 지난 20년간 사회적 불평등을 그토록 심화시켜 온 과정을 더욱 보강하는 것이다. 레드비터는 현재의 세금제도가 철폐되고 각 개인들에게 돌아가는 사회보장 혜택이 각 개인들의 투자 선택에 따라 결정되는 상황으로 나아가기를 바란다. 따라서 공공부문 전반이 더욱 철저한 민영화로 나아가는 미래를 그리고 있다. 예를 들어 학교는 "학교와 자선단체, 사기업 등이 구성하는 민주적 책임성을 가진 새로운 기관이나 단체"가 접수해야 한다고 주장한다. 자선단체나 사기업들을 어떻게 책임성 있게 만들 것인가에 대해서는 조금도 신경 쓰지 않고 그저 속도 편하게 그렇게 주장한다.[36]

레드비터가 가끔씩 던지는 주장을 보면 이 사람은 각 개인들이 소유하고 있는 자원의 크기와 또 그에 따른 생존 기회에 큰 차이가 있다는 사실에 대하여 놀라울 정도로 무지한 것 같다. 예를 들어 다음과 같은 주장을 한번 살펴보자 : "우리 대부분은 전화 콜센터, 변호사 사무실, 정부 부처, 과학 실험실 같은 데서 서비스, 판단, 정보, 분석 같은 것들을 제공함으로써 먹고 산다." 맞는 말이다. 선진국의 경우 대다수의 사람들이 서비스를 제공한다. 그러나 사람들은 엄청나게 다른 조건 하에서 서비스를 제공한다. 임금이 낮고 고도의 감시 하에서 일하며 또 반자동화된 직무를 수행하는 전화 콜센터 근로자(레드비터는 콜센터를 "현대 서비스 경제"의 "공장"이라 묘사한다.)[37]의 삶과 다음달 상여금이 400만 달러일까 500만 달러일까 궁금해하는 월스트리트 투자은행 연구부장의 삶은 전혀 다르다. 그렇지만 이 두 사람 모두 서비스 노동자이다. 이런 범주는 마르크스가 말하는 생산관계 속에서의 위치 차이를 전혀 반영하지 않는다는 점에서 분석에 거의 도움이 되지 않는 범주이다. 콜센터 직원과 투자은행가의 엄청난 소득 격차는 직장 수준의 것이건 노동시장 수준의 것이건 경제력 구조 속에서 차지하는 두 사람의 위치 차이를 반영한 것이다.

이런 얘기는 레드비터에게 별로 재미없는 얘기일 것이다. 레드비터는 아주 훈시적인 표현으로 다음과 같은 사실을 인정한다 : "대부분의 사람들에게 더욱 경쟁적인 문화에서 살아남는다는 것이 더 어렵고 불확실할 것이다. 신경제에서 성공하기 위해서는 우리 대부분에게 부족한 자신감과 끈기라고 하는 내적인 자원이 있어야 한다." 레드비터는 스스로 살아갈 능력이 없는 사람들을 내팽개치지는 않는다. 이런 사람들에게도 따뜻한 손길을 보내야 한다. 이런 사람들에게 "주저앉을 때 일으켜 세워 주는, 더 도움이 되지만 유연성을 갖춘 기관을 마련해 주어야 한다." 그러나 스미스가 말하는 "빛나는 상"은 경쟁에서 살아남을 만큼 강인한 사람에게 돌아가야 한다고 말하는 것이 더 마음 편했을 것이다. 레드비터 자신도 바로 그런 사람이다. 스스로 밝히기로 이 사람은 언론인에서 무소속 상담자로 변신하여 지금은 자신의 지식으로 먹고 산다(사실 레드비터는 자신의 지식이 벌어주는 물질적 보상의 리스트로 좀 순진한, 비교적 싸구려인 것들, 즉 외국에서의 휴가, 휴대전화, 컴퓨터, 전자레인지, 승합차 등을 제시한다).[38]

카스텔스의 이른바 "네트워크 사회"에 대한 분석은 학문적 진지함 면에서 레드비터의 가벼운 백일몽에 비해 훨씬 다른 수준을 보여준다. 그러나 카스텔스의 저서는 지난 20세기 중에 자신이 말하는 "IT혁명"과 관련하여 사회경제적 발전에 질적인 단절이 이루어졌다고 주장한다는 점에서 레드비터의 저서와 비슷하다. 나아가서 이 질적인 변화는 ("네트워크 사회"라는 용어 자체가 암시하듯이) 탈중앙화된 네트워크들 간의 경제력 분산을 수반한 것이라고 주장한다. 그러나 이것이 "자본주의의 서거(逝去)"를 뜻하는 것은 아니다.

> 역사상 처음으로 자본주의적 생산양식이 전 지구적으로 사회적 관계를 모양지웠다. 그러나 이 자본주의는 그 선조들과 크게 다른 자본주의이다. 이 자본주의는 두 개의 근본적 특성을 가진다 : 하나는 지구적이라는 것이고, 다른 하나는 크게 보아 금융 흐름의 네트워크를 중심으로 구조화되어 있다는 것이다. 이 자본은 실시간으로 전 지구에 걸쳐 활동하며, 주로 유통영역에서 현실화 · 투자 · 축적된다. 즉 금융자본으로서 기능한다.[39]

다루는 범위가 매우 넓고 또 카스텔스 자신의 조사에 크게 의존하고 있는 이 방대하고 복잡한 저서의 여러 주장들에 대하여 상세하게 논의한다는 것은 적절치도 않고 또 가능할 법하지도 않다. 그 대신에 나는 제3의 길 논쟁과 직접 관련이 있는 세 가지 논점에만 초점을 맞추고자 한다. 하나는 카스텔스가 스스로 이름지은 "정보자본주의"를 어떻게 개념화하는지에 관한 것이고, 다른 하나는 "네트워크 사회"의 함축된 의미에 관한 것이며, 나머지 하나는 "IT 혁명"에 대하여 (다른 논객들과 함께) 무슨 주장을 펴고 있는지에 관한 것이다.

첫 번째 문제부터 살펴보자. 카스텔스는 원래 마르크스주의 도시지리학자였으며, 지금도 마르크스주의적 개념에서 나온 이론적 용어들을 줄곧 사용하고 있다(비록 엄격하게 사용하지 않는 경우가 많지만. 예컨대 위에서 인용한 구절에서도 유통영역, 즉 상품 판매를 통하지 않고서 현실화되는 자본이 도대체 있을 수나 있는가 하는 문제를 전적으로 도외시하고 있다). 이런 식으로 카스텔스는 "생산양식(자본주의, 국가주의)과 발전양식(산업주의, 정보주의)"을 구분한다. 생산양식은 생산관계, 즉 생산력에 대한 효과적인 통제관계에 의해 정의되는 것 같다. 정통 마르크스주의에서 생산관계는 보통 생산력과 대비된다. 생산력이란 생산의 물질적 요소(노동력과 생산수단)와 그것들을 가동시키는 과학적 지식과 기술적 노하우를 모두 포괄하는 것이다. 그러나 카스텔스는 "발전양식"이라는 개념을 도입하고 있는데, 이것은 생산력과 생산관계 사이에서 일종의 중재자로서 기능하는 것 같다:

> 발전양식이란 기술적인 배열로서, 노동자가 그것을 통하여 생산물을 창출하는 그런 배열이다. 이것이 궁극적으로 잉여가치의 수준과 질을 결정한다. 각각의 발전양식은 생산과정에서 생산성을 높이는 데 필수적인 요소들에 의해 규정된다.[40]

"정보주의"의 경우 그러한 요소는 "지식의 지식 자체에 대한 작용"이라 한다. 나아가서 :

> 각각의 발전양식은 또한 기술적 과정을 조직화해 주는 구조적으로 결정된 수행원칙을 갖는다. 즉 산업주의는 경제성장, 생산의 극대화를 지향하며, 정보주의는 기술발전, 지식의 축적 그리고 더 높은 수준의 복잡한 정보처리를 지향한다.[41]

이러한 설명이 시사하는 것은 "정보주의가 비록 자본주의 확장 및 회춘과 연결된 것이기는 하지만" 그 결과로 나타나는 사회경제적 변형은 자본축적의 논리로 환원될 수 없는 것이라는 주장이다.[42] 분명히 기술적인 발전양식은 각 경제행위자들에게 자본주의적 생산관계 속에서의 위치와 무관한 동기를 부여한다고 말한다. 그러나 이런 주장들은 경험적 근거로 보나 이론적 근거로 보나 불분명하다. 카스텔스에 의하면 산업주의는 성장극대화를 우선한다. 그러나 실제에 있어서 종종 기업들은 생산규모를 줄이는 전략을 채택하였고 지금도 그러하다. 독점과 카르텔은 바로 이러한 전략의 특수한 형태이다. 이런 전략은 수익성 유지 및 증대의 방법이다. 자본주의적 생산관계는 설령 성장을 희생시키는 한이 있더라도 개별 자본에게 강력한 이윤극대화 동기를 부여하는 경쟁적 축적의 구조를 내포하고 있다.

이러한 상황이 "정보주의 발전양식" 하에서 바뀌었단 말인가? 결코 그렇지 않다. "더 높은 수준의 복잡한 정보처리"로 나아가는 것은 이윤극대화 전략의 산물로 보인다. 이를 테면 마이크로소프트

사의 운영체제 새 버전이 나올 때마다 그것을 활용하기 위해서 더 강력한 컴퓨터가 더욱 절실하게 필요해진다. 이 결과 컴퓨터 사용자들은 입맛 떨어지는 선택을 강요받게 된다. 즉 기존의 구형 컴퓨터를 고수하는 대신 최신 응용 프로그램들의 사용을 포기할 것인가, 아니면 얼마 안 가서 또 구형이 될 새 컴퓨터를 살 것인가 하는 선택 말이다. 업그레이드하라는 이 끊임없는 압력은 어떤 자율적인 기술상의 필요성에서 나오는 것이 아니라 마이크로소프트, 인텔, 기타 PC 제조업자들의 이윤극대화라는 공통의 이익에서 나오는 것이다.

로버트 브레너(Robert Brenner)는 각각의 생산관계는 나름의 "재생산 규칙"을 가진다고 주장한다. 여기서 재생산 규칙이란 경제 행위자들에게 생산관계 속에서 기존의 위치를 유지하기 위해서 반드시 추구해야만 하는 전략을 강요하는 규칙을 가리킨다. 자본주의적 생산관계의 경우 재생산 규칙은 행위자들에게 수익성과 경쟁력 확보를 위한 생산성 향상 투자를 하라고 요구한다. 자본주의 하에서 역동적인 생산력 발전을 가능하게 만드는 것은 바로 이와 같은 경쟁적 축적 과정이다.[43] 산업주의 발전양식과 정보주의 발전양식에 대한 카스텔스의 설명을 보면 각 발전양식에 포함된 "수행원칙"은 자본주의적 재생산 규칙을 초월하여, 혹은 그것과 독립적으로 작동되는 것 같다. 그러나 그렇지가 않다. 자본주의적 재생산 규칙이 엄청난 사회적 결과를 낳는 중대한 기술적 변형으로 나아가고 있는지는 모르지만, 그러한 변화를 일으키는 원인은 생산량이나 지식의 증대와 관련한 추상적인 고려와는 무관하며, 이보다는 훨씬 세속적인 높은 이윤추구 욕구와 연결되어 있다.[44]

가끔은 카스텔스 자신도 이런 사실을 인정한다. 예를 들어 수익성과 경쟁력이 기술혁신과 생산성 증대의 실질적 결정요인이라고 말하기도 한다.[45] 그러나 카스텔스는 이런 주장이 자신의 자율적 기술발전양식 개념과 충돌할 수 있다는 점에 대해서는 걱정하지 않는 것 같다. 이로 인한 일관성 결여는 다음과 같은 주장에서 잘 나타난다. 즉 카스텔스는 대니엘 벨(Daniel Bell)이나 앨런 투레인(Alain Touraine) 같은 포스트모더니즘 이론가들의 통찰과 알뛰세 식 마르크스주의자 니코스 풀란차스(Nicos Poulantzas)의 통찰 둘 다를 자신의 통찰인 양 주장한다.[46] 이리하여 "정보자본주의"라는 개념은 두 개의 상호경쟁적인 학파의 이론을 절충한 불안정한 개념으로 되고 말았다. 두 개 학파의 이론이란 곧 마르크스주의적 자본주의 생산양식 이론, 그리고 적어도 선진 사회들은 자본주의 사회의 적대관계를 극복하였다는 사실을 주장하고 싶어하는 탈산업사회 이론을 가리킨다.[47]

이 주장은 중요한 주장이다. 왜냐하면 카스텔스의 "네트워크 사회"는 "다음의 두 가지 상대적으로 자율적인 경향 간의 상호작용에서 나온 것"이기 때문이다. 두 가지 경향이란 새로운 IT의 발전, 그리고 그 기술의 힘을 '힘의 기술'로 사용함으로써 스스로를 재무장하려는 구사회의 기도를 가리킨다.[48] 이 말이 지닌 함의는 "정보주의"가 그 자본주의적 외피를 벗어날 수 있다는 것이다. 만일 그렇다면 이것은 정통 마르크스주의와 완전히 일치하는 주장이라 할 수 있다. 마르크스주의에서는 사회주의로 나아가게 만드는 한 가지 요인이 자본주의적 외피를 벗어나려는 새로운 생산력의 투쟁이라 보기 때문이다. 그러나 카스텔스는 가끔 (레드비터만큼 우둔한 방식으로 그렇게 하는 것은 아니지만) 새로운 탈자본주의 사회가 이미 도래했다고 시사한다.

카스텔스의 그런 생각은 내가 이제부터 다루고자 하는 두 번째 테마, 즉 네트워크 사회라는 아이디어 자체에서 두드러지게 나타난다. 카스텔스에 의하면 정보자본주의는 새로운 "조직 논리", 즉 네트워크의 조직 논리를 가진다. "네트워크는 새로운 조직을 만들고 또 앞으로 계속 만드는 데 필요한 기본 재료이다." 위계적(位階的)으로 조직되고 기능적으로 분화되고 수직적으로 통합된 구식 기업은 이제 위기에 처해 있다. 구식 기업의 자리에 "네트워크 기업, 즉 그 수단들의 체계가 자율적 목표체계 조각들의 교차로 구성되는 특수한 형태의 기업"이 들어선다.[49] 이 정의는 명료한 것과는 한참 거리가 먼 정의이다. 그러나 그 본질적 의미는 네트워크라는 말 자체가 지닌 암시에 의해 잘 전달되고 있다. 즉 상호 의존의 거미줄에 붙잡혀 있는 자율적 센터들 사이에 권력이 분산되어 있다는 뜻이다.

카스텔스는 거대 기업의 죽음을 선언하지는 않을 정도로 조심스럽지만 거대 기업의 변형, 즉 "다국적기업에서 국제적 네트워크로"의 변형은 주장한다. 그래서 "다국적기업은 사실 세계경제에서 부와 기술을 가진 권력자이다. 왜냐하면 대부분의 네트워크가 다국적기업을 중심으로 구조화되어 있기 때문이다. 그러나 이와 동시에 다국적기업은 내부적으로는 탈중앙화된 네트워크 안에서 특화되고, 외부적으로는 서로 맞물려 있는 네트워크의 복합적이고 변화 중인 구조의 한 구성원이라는 사실에 의존하게 된다." 이 결과는 지배가 아니라 의존이다 : "네트워크들은 서로 대등하지 않지만 어느 한 네트워크가 혼자 힘으로 생존한다거나 다른 네트워크들을 일방적으로 지배하는 것은 거의 불가능하다. 네트워크의 논리가 네트워크의 힘보다 더 강력하다." 그래서 "힘은 여전히 존재하지만 그 행사는 우발적으로 이루어진다."[50]

이런 말은 곧 오늘날의 세계경제에서 개별 자본가들은 어떠한 자본가라도, 심지어 가장 큰 자본가라 할지라도 통제할 수 없는, 그런 성격의 경쟁구조 안에 붙잡혀 있다고 말하는 것과 별반 다를 바가 없다. 이런 말은 전적으로 옳은 말이다. 그러나 이런 상황은 모든 종류의 자본주의 경제의 공통 특징이다. 따라서 그런 특징이 "네트워크 사회"를 그 선조들과 구분하는 기준이 될 수는 없다. 아주 통속적인 좌파 (혹은 파시스트) 비판자들만이 한 줌밖에 안 되는 독점 자본가들이 힘을 합쳐 사회 전체를 조종한다고 주장할 뿐이다. 자본주의 기업들은 개별적으로나 집합적으로나 결코 자기들이 지배할 수 없는 갈등적 상호 의존의 구조 속에 놓일 수밖에 없다.

물론 그렇다고 해서 아무 것도 바뀌지 않았다고 말하는 것은 아니다. 지난 한 세대 동안 대대적인 자본주의 재편성의 과정이 있었다. 대략 제1차 세계대전과 1950년대 사이의 기간에 성행했던 민족국가 단위의 자본주의가 분해되었고, 또 훨씬 더 통합된 세계경제 쪽으로 내몰렸다. 국제경쟁이 심화됨에 따라 기업들은 규모 축소(down-sizing), 직제 간소화(de-layering) 등을 통하여 변형되고 있다. 앞의 2절에서 보았듯이 실제로 다국적기업들은 종종 복합적인 공급망의 발전에 의존한다. 뿐만 아니라 카스텔스가 강조하듯이 IT혁명으로 인하여 새로운 형태의 관리통제가 가능해졌다. 그러나 이러한 과정을 카스텔스처럼 "경쟁의 세계화가 거대 기업들을 다방향 네트워크의 거미줄 안으로 가둔다"는 식으로 묘사한다면 그것은 저속한 변명에 지나지 않는다.[51]

이런 식의 얘기는 무엇보다도 지난 수십 년간 미국과 유럽 증권시장을 달구었던 대규모 인수 합병 붐을 무시하는 것이다. 지난 20년 동안 인수 합병의 증가 규모는 연간 42%에 이르러 1999년 경상가격으로 2조 3,000억 달러를 기록하였다. 이 금액은 전 세계 국내총생산(GDP)의 8%에 해당한다.[52] 다국적기업들은 거미줄 안에 갇히기는커녕 확장 아니면 도태라는 다윈 식의 생존투쟁을 벌여온 것이다. 경제신문을 읽는 독자라면 누구라도 어느 분야에서 더 큰 집중이 있을 거라고 예측하는 기사들에 이미 익숙해져 있을 것이다. 세계 자동차산업의 공급과잉 상태가 가장 큰 압력 요인으로 작용하였지만 자동차 제조업체들은 인수나 동맹을 통하여 거대한 팀으로 바뀌고 있다. 그러나 이런 과정은 "구경제" 현상과 아주 거리가 먼 것이다. 장거리 통신, 흥행, 그리고 IT 자체에서도 똑같은 힘이 작용하고 있다. 카스텔스 자신도 지구적 미디어 산업에 "갈수록 과점적인" 경향이 있음을 지적한다. 그런 예로서 지금까지 가장 볼만한 것이 2000년 1월 아메리칸 온라인(AOL) 사가 1,270억 달러를 들여 거대 흥행업체인 타임-워너 사를 인수한 사건이다.[53]

최근 리차드 톰킨스(Richard Tomkins)는 집중과 중앙화 경향이 인터넷 기업들 사이에 더 심각하다고 주장한다. 전통적 산업분야에 비해 인터넷 분야의 진입장벽이 훨씬 낮음에도 불구하고 "기업-소비자 시장이 발전함에 따라 인터넷 분야도 온라인판 승자독식(勝者獨食) 사회로 변해가고 있다는 징후가 나타난다. 즉 상위 2-3개 회사 가운데 어느 한 회사가 압도적으로 높은 시장점유율을 가지고 있어서 다른 회사들이 더 성장하기 어려운 경우가 나타나고 있다." 톰킨스는 통신기술의 발달과 함께 세계화에 힘입어 거대 기업들이 세계의 한 지역이나 심지어 전 세계를 하나의 단일시장으로 활용함으로써 막대한 규모의 경제를 시현하는 것이 가능해졌다고 주장한다. 이런 거대 경제는 제품을 소비자에게 전달하는 데 드는 비용이 제로인 인터넷 분야에서 특히 더 커지고 있다고 한다. 이와 동시에 광고주들이 느끼는 인터넷 서비스의 가치는 더 많은 사람들이 인터넷을 사용함에 따라 더욱 커지고 있다. 이런 상황은 아마존이나 야후처럼 이미 자리를 굳힌 기업들에게 더욱 유리한 상황이다. 예를 들어 2000년 말 현재 미국의 인터넷 광고비의 71%가 상위 10개 사이트에 집중되었다. 한 투자분석가는 "기업-소비자 시장에서 앞으로 3-4개의 닷컴 회사만이 살아남을 것"으로 전망한다.[54]

인수 합병 광기로 더욱 커진 회사들은 사실 고도로 차별화된 구조를 가지고 있다. 거대 사기업들의 경우, 과거 스탈린 식 명령경제가 그러했듯이 관료화로 인한 불합리성(이른바 X-비효율) 같은 것에 취약하다. 그래서 이 문제를 해결하기 위한 다양한 관리 전략이 사용된다. 그러나 이 복잡한 경제적 중앙화 과정을 단지 힘의 분포에 "우발적" 영향을 미치는 것으로만 간주하는 것은 그저 경박하다고 말할 수밖에 없는 것이다. 다국적기업들 내부에서 대규모 투자 결정이 내려지는 과정을 가지고서 말한다면 힘은 여전히 비대칭적으로 분포되어 있다. BMW 사가 2000년 3월에 그 자회사인 로버사 폐쇄를 결정하였을 때 블레어 정부는 그 발표 명령을 내린 사람이 (영국 의회의 정치인들은 말할 것도 없고) 버밍엄이나 옥스퍼드에 있는 관리자들이 아니라 뮌헨에 있는 사람들이라는 사실을 깨달았다. 더 큰 정치적 안목에서 보면 거대 기업들의 덩치와 경제력 자체가 엄청나게 막강한 영향력이다. 특히 미국과 영국처럼 주요 정당들이 선거운동 자금을 기업의 기부금에 의존하는 국가에서는 더욱 그렇다.

내가 살펴보고자 하는 카스텔스의 세 번째 테마, 즉 IT혁명 자체에 대한 주장들에 있어서도 추진론으로의 퇴행은 두드러진다. 카스텔스에 의하면, IT혁명은 "경제, 사회, 문화의 물질적 기초의 단절을 초래한 18세기 산업혁명만큼이나 중대한 역사적 사건"이다. 두말할 나위 없이 이런 주장은 미국에서 "신경제"를 둘러싸고 요란스럽게 쏟아졌던 지나친 낙관론과 유사하다. 이 분야의 다른 논객들과 마찬가지로 카스텔스 역시 1990년대의 기록적인 성장률에 대한 지나친 확대 해석에 크게 의존하고 있다. 그래서 카스텔스는 다음과 같이 자신 있게 선언한다 : "세기가 바뀌는 시점에 이르러 인터넷 경제와 IT 산업이 질과 양 두 측면 모두에서 경제의 핵심이 되었다."[55]

이런 주장은 앨런 그린스펀이 제기하여 유명해진 주장, 즉 미국 경제가 "역사를 뛰어넘었다"는 더 일반적인 주장과 구분하기가 어렵다. 미국 경제가 역사를 뛰어넘었다는 주장은 1990년대의 장기 경제 붐과 특히 1990년대 중반 이래의 높은 생산성 증가율이 미국 경제를 장기적 저물가 및 고성장 기조로 끌어올린 IT혁명의 충격 덕분이라는 주장이다. 그린스펀이 볼 때 "기술혁신이 적용되는 속도가 눈에 띄게 빨라졌다는 사실은 최근의 지속적인 노동생산성 증대가 단순한 주기적 현상이나 통계적 예외가 아니라, 적어도 부분적으로는 우리 경제상황의 뿌리 깊은, 그리고 지금도 진행 중인 모종의 변화를 반영하는 것이라는 가설을 뒷받침해 준다."[56] 이런 주장을 놓고 찬반 논쟁이 벌어졌다. 논쟁의 초점은 1970년대 초 이래 미국 경제의 생산성 증가율이 장기적 침체 추세를 보여 왔는데, 이러한 추세가 역전되었는지 여부에 관한 것이다. 카스텔스도 붐 자체는 명백하다고 주장함으로써 논쟁에 가담하였다 : "사실 실질적인 생산성 증대만이 1994–1999년 기간 미국 경제의 붐을 설명할 수 있다."[57]

이와 정반대되는 주장이 흠잡을 데 없는 정통 신고전주의 경제학자인 로버트 고든(Robert J. Gordon)에 의해 제기되었다. 고든은 주의 깊은 계량경제학적 분석을 근거로 하여 다음과 같이 주장한다. 1995–1999년 기간에 미국의 노동생산성 증가율이 2.15%로 높아진 것(1972–1995년 기간의 저조한 1.13%보다는 꽤 높지만 1950–1972년 기간의 2.63%에 비하면 낮다.)은 다음의 세 가지 요인의 산물로 설명할 수 있다 : (1) 국민소득 측정방법의 변화 ; (2) 경기 사이클의 특징, 즉 생산증대 속도가 업계의 경향 변동 속도보다 앞서는 경우 이에 따라 노동시간도 늘어나지만 생산 증대 속도보다 느리게 늘어나며, 이로 인하여 시간당 생산량(노동생산성)이 늘어난다는 특징 ; (3) 1995–1999년 기간에 연평균 41.7%라고 하는 진정한 생산성 폭증. 그러나 이것은 미국 전체 비농업 민간경제의 1.2%를 차지하는 데 불과한 컴퓨터 제조업 분야에 국한된 수치이다. 고든은 전체 경제의 87%를 차지하는 비농업, 비내구성 소비재 산업분야의 생산성은 같은 기간 중에 오히려 떨어진 것으로 평가한다.[58]

고든의 논문은 비전문가는 발을 들여놓지 않는 것이 현명한 분야에서 매우 복잡하고 논쟁적인 문제를 제기하고 있다. 그러나 고든의 조심스러운 분석은 적어도 "신경제"를 옹호하는 주장들을 크게 에누리해서 받아들여야 한다는 사실을 말해준다. 또한 고든의 분석은 IT의 충격이라는 것이 블레어나 카스텔스처럼 18세기 말 산업혁명의 충격과 비교할 만한 것이 못 된다는 것을 말해준다. 다른 논문에서 고든은 IT혁명과 19세기 말 20세기 초의 이른바 제2차 산업혁명이라는 것을 체계적으로 비교한다. 2차 산업혁명이란 다음 5개 조의 "위대한 발명품들"을 포함하는 것이다 : 전깃불과 모터 ; 내연 엔진과 그 파급효과(항공여행, 교외 거주, 자동차 전용도로, 슈퍼마켓 등) ; 석유, 천연가스, 화학제품, 플라스틱, 약품 ; 전화, 축음기, 사진, 라디오, 영화, 텔레비전 등에 힘입은 오락과 통신의 변화 ; 상수도, 실내 배관, 도시 위생 설비. 고든은 바로 이런 기술혁신의 종합적 결과가 20세기 말과 21세기 초 현재 진행 중인 변화보다 훨씬 더 극적으로 우리의 일상생활을 바꾸어 놓았으며, 또 1913-1970년 기간의 "황금시기" 동안 생산성 증가율을 그 이전 시기나 이후 시기보다 훨씬 더 높여준 것이라 주장한다.

고든에 의하면 IT혁명은 매우 제한적인 현상이다. 컴퓨터의 명목상 수요는 1950년대 발명 이래 꾸준히 늘어났다. 그러나 이것은 컴퓨터의 성능 대비 가격이 엄청나게, 그리고 지속적으로 떨어져 왔다는 사실을 보여주는 것이다. 더 나은 컴퓨터가 가진 한계효용도 체감된다 : 워드 프로세서의 주된 경제적 효용(반복 타자의 수고를 덜어주고 편집을 쉽게 하는 것 등)은 개인용 컴퓨터 보급 초기 단계에서 이미 실현되었으며, 새 패키지가 나와도 별로 늘어나지 않는다. 그런 한편으로 컴퓨터가 자본시장에서 차지하는 비중도 계속 낮아지고 있다. 인터넷이 이러한 상황에 영향을 미친 것도 아니다. 인터넷은 정보와 오락에 더 쉽고 값싸게 접근하게 해주지만, 인터넷은 하나의 매체에서 다른 매체로 옮겨가게 만드는 것일 뿐이지

(예를 들어 도서관에 가는 대신 로그온 하듯이) 세탁기의 발명이 끔찍한 손세탁이라는 육체적 부담을 덜어준 것처럼 그런 방식으로 자유시간을 만들어 주는 것은 아니다. 고든은 또 인터넷이 생산성에 미치는 영향에 대해서도 회의적이다. 오히려 인터넷이 있기 때문에 노동자들이 근무시간에 주식거래를 할 수도 있고 아마존에 책을 주문할 수도 있는 등 개인적인 볼일을 볼 수도 있다.[59]

고든의 주장들은 전자경제에 관한 터무니없는 낙관론을 교정하는 데도 좋다. IT혁명을 거시적인 안목에서 본다는 것은 정신건강에 좋은 일이다. 예를 들어 우리 일상생활에 인터넷의 발전이 실내 배관의 발명보다 더 큰 영향을 미쳤다고 주장하는 사람이 있다면 그런 사람은 컴퓨터 때문에 바보 된 사람이 많다는 세간의 걱정을 확인시켜 주는 사람이다. 가장 근래의 기술 변화를 감안하더라도 IT혁명이 우리 일상생활에 가장 큰 영향을 준다는 사실은 분명치 않다. 예를 들어 IT혁명이 시작되기 훨씬 이전에, 한 세대 전에 값싼 장거리 항공여행이 발전하여 관광의 대중화를 가능케 하고, 대륙 간 이민을 촉진하며, 또 과거에는 불가능했을 정도로 멀리 떨어진 가족들이 정기적으로 만나는 것을 가능하게 해주었다는 사실을 생각해 보라. 현재 우리가 항공권 예약을 인터넷으로 할 수 있다는 사실보다 점보 여객기 자체가 우리 삶을 더 크게 바꾸어놓지 않았는가?

이러한 고려는 미국 경제 붐의 원인이 실제로 무엇인가 하는 문제를 여전히 풀리지 않은 문제로 남겨둔다. IT기반 "신경제" 덕분이 아니라면 무엇인가? 브레너와 다른 마르크스주의 경제학자들의 연구에 의하면, 다른 서방 선진국 경제와 마찬가지로 미국 경제도 1960년대 말 이래 만성적인 수익성 위기에 시달려 왔다고 한다. 지난 20년간 이루어진 미국 경제의 잔혹한 구조조정의 결과 수익성이 약간 회복되는 것으로 나타났고, 여기에는 25년 동안 시간당 실질임금이 전례 없이 떨어진 것이 크게 작용하였다.[60]

월스트리트가 기업 수익성 이상으로 주가를 끌어올리는 붐을 이룬 것은 바로 이런 배경에서 가능했던 것이다. 월스트리트의 거품은 1990년대 초 이래의 장기적 붐의 중요한 구성부분이 되어왔다 : 소위 "부 효과"(wealth effect)에 힘입어 중산층 미국인들이 주식시장에 투자한 재산이 늘어나자 이 사람들은 더 많이 빌려서 더 많이 소비하는 방식으로 대응하였다. 이리하여 미국은 1997-1998년 아시아와 러시아 금융위기 이후 세계경제를 안정시키는 데 도움을 주는 "최후의 소비자"로 등장할 수 있었다. 그러나 빌 마틴(Bill Martin)과 윈 고들리(Wynne Godley)가 자산관리 회사인 필립앤드류(Philip & Drew) 사에 제출한 일련의 논문들을 보면 이 결과는 끔찍한 금융 불균형이다. 소비 붐은 수지적자 확대뿐만 아니라 사부문의 부채가 전례 없는 수준으로 치솟는 것으로 나타났다. 이런 상황에서 소비지출이 유지되기 위해서는 주식가격이 지탱하지 못할 정도로 치솟아야 한다. 시장이 심각한 내림세를 보이기 시작하면 "부 효과"는 반대 방향으로 작용할 것이다 : 마틴과 고들리는 중산층 가계가 주가하락에 소비감축으로 대응한다면 미국과 세계경제에 주는 충격은 혹독한 것이 될 것이라 예상한다.[61]

마틴과 고들리의 연구는 신경제가 뒤집어질 것이라 생각하기 위해 반드시 마르크스주의자가 될 필요는 없다는 사실을 보여준다. 월스트리트 거품을 중심으로 추진론을 가장 일관되게 비판해 온 두 사람은 《파이낸셜타임즈》지의 중진 경제평론가 새뮤얼 브리튼(Samuel Brittan)과 마틴 울프(Martin Wolf)이다. 이 두 사람은 모두 정통 신자유주의를 확고하게 신봉한다. 브리튼은 대처 이전에 대처리즘 경제학을 창안한 사람이라 해도 무방한 사람인데, "월스트리트가 성층권까지 도달할 수 있다"는 얘기에 대하여 "지나친 허풍"이라 일축한다. 다만 "파산이 1주일 내에 일어날지, 1년 내에 일어날지, 혹은 5년 내에 일어날지 아는 사람은 없다"고 덧붙인다.[62]

"신경제"를 둘러싼 근거 없는 낙관론이 유지될 수 있는 것은 월스트리트의 거품이 아직 붕괴되지 않았다는 사실에 힘입은 것이다. 금융시장이 비합리적인 공포와 탐욕의 충격파에 의해 쉽게 좌우된다는 사실은 널리 알려진 사실이다. 아시아와 러시아 금융위기의 한 효과는 자본을 안전한 피난처인 미국으로 끌어모은 것이었고, 이리하여 미국 경제의 붐을 유지하는 데 도움이 되었으며, 이것이 다시 더 많은 자본을 끌어들이게 된 것이다. (이런 상황이 1999년 초 유로화 출범 당시 달러화 가치보다 25% 뒤지게 만든 가장 중요한 요인이었는지 모른다.) 그러나 비판자들의 주장과 근거들을 보면 미국 경제의 선순환이 영원히 계속될 수는 없다는 사실이 드러난다. 그 선순환이 끝나는 순간 추진론자들은 1929년 10월 월스트리트 붕괴 당시 낙관론자들이 그러했듯이 멍청이가 되고 말 것이다.

2

도덕의 수호자들

2.1 도덕으로 돌아가서

여러 중도 좌파 지도자들이 제3의 길에 대하여 토론하기 위하여 1999년 4월 워싱턴에 모였다. 이 회의에는 NATO군의 유고슬라비아 폭격을 주도한 사람들도 참가하였는데, 이 사람들이 서로 축하의 말을 주고받음에 따라 기분 좋은 분위기가 만들어졌다. 바로 이 자리에서 다음의 유명한 사건이 일어났다고 한다 : "이태리 수상 마시모 달레마(Massimo d'Alema)가 이제 사람들은 '사회주의'라는 말을 무서워하지 말아야 한다고 말했다. 클린턴, 그리고 뒤를 이어 블레어와 슈뢰더는 이제 폭소를 터트리게끔 되어 있었다."[1]

사실 공식 기록을 보면 공산당 청년회 모임에 갔다가 곧바로 백악관으로 달려간 달레마는 'ㅅ으로 시작되는 단어'(사회주의)를 발음하지 않고 그 비슷한 말을 한 것으로 되어 있다.[2] 같은 해에 클린턴이 제2 인터내셔널 관계자에게 자신과 고어가 이끄는 미국 민주당도 여기에 가입할 수 있도록 그 명칭을 '중도 좌파 인터내셔널'로 바꾸어달라고 설득하였으나 실패하였다는 사실은 그리 놀랄 일이 아니다.

그러나 이처럼 '사회주의'라는 말을 꺼리는 분위기도 분명 있지만 적어도 대서양 이쪽 편에서는 이 말이 제3의 길 사상에서 완전히 사라진 것은 아니다. 사회주의는 앞에서 이미 보았듯이 중도 좌파 사람들이 현대의 조건에 맞게 적응시키고자 하는, 시간을 초월한 가치라는 형태로 살아남아 있다. 그래서 앞서의 워싱턴 세미나에서 블레어는 제3의 길이 "우리 자신을 가치의 정당으로 재확인하자는 것, 우리의 본질적 가치, 즉 공동체, 기회, 책임에 대한 신념 같은 것들을 재발견하자는 것"이라 주장하였다.[3]

실제로 가치에 대한 강조, 특히 공동체에 대한 강조는 블레어가 노동당을 이끈 이후 줄곧 그의 단골 메뉴였다. "범죄에 대하여 강경하게, 범죄의 원인에 대하여 더 강경하게"라는 구호는 당수가 되기 전에 이미 채택한 구호이며, 대처리즘에 대해서는 원자적 개인주의를 조장한다고 비판해 왔다. 이처럼 블레어는 사회의 결속을 중시하는 전통 보수주의 입장을 활용하고자 일찍부터 노력해 왔다 : "사실 의무는 본질적으로 노동당의 개념이다. 의무는 강한 공동체나 사회를 건설함에 있어서 핵심 부분을 이룬다. 오늘날 사람들이 각자의 삶을 영위하는 데 필요한 규칙, 그런 규칙을 말 되는 것으로 만드는 유일한 방법이 바로 이 개념이다. 이 개념이 없다면 우리는 조악한 개인주의에 빠지거나 아니면 지나치게 간섭하는 국가와 더불어 살아야 할 것이다."[4] 이와 같이 의무를 강조하는 것은 나중에 신노동당의 기도문처럼 된 "권리와 책임은 함께 간다"는 구호로 구체화된다.

이보다 나중인 2000년 여름에 블레어는 튀빙엔 대학에서 반체제 가톨릭 신학자 한스 큉(Hans Küng)이 마련한 모임에 참가하여 강연을 한 바 있다. 이 강연에서 블레어는 반사회적 행동을 하는 사람에게 경찰이 현장에서 벌금을 부과할 수 있도록 하는 법안에 대하여 설명하였다. (이 법안은 제안 직후 곧바로 포기한 법안이다.) 그러나 이 강연은 공동체를 최고의 덕으로 극찬하는 내용을 담고 있는 것으로도 주목되는 강연이다. "전통적 가치"를 정의하면서 블레어는 다음과 같이 선언하였다 :

> 제가 볼 때 전통적 가치는 현대적 의미에서의 공동체라는 것으로 가장 잘 표현됩니다. 공동체 개념의 핵심 부분에는 모든 사람이 평등한 가치를 가진다는 믿음이 놓여 있습니다. 이것은 저의 정치에 있어서 중심적인 믿음입니다. 또 그러한 평등한 가치를 신장시키는 사회를 건설하는 데 있어서 우리 모두가 다른 사람에 대한 책임을 지고 있다는 믿음이 놓여 있습니다. 제가 강조하는 것은 평등한 가치이지 평등한 소득이나 결과가 아닙니다. 간단히 말해서 기회의 평등입니다. 이것은 경제적 기회뿐만 아니라 존엄성, 적극적인 자유와 차별을 받지 않을 자유, 이런 것들에서 우리가 평등한 권리를 가지고 있다는 사실을 강조하는 것입니다. 공동체라는 아이디어는 현대 세계의 역설을 해소합니다. 즉 우리의 상호 의존성을 인정하는 동시에 개인적 가치를 인정하는 것입니다.[5]

제3의 길 이데올로기에 사회주의가 살아남아 있다면 그것은 공동체를 앞세우는 윤리적 사회주의이다. 사실 1990년대 초만 해도 블레어는 ㅅ으로 시작되는 단어를 기꺼이 사용하였지만, 이 단어에서 공동체를 중시한다는 것을 강조하기 위해 '사회-주의'라고 단어 사이에 하이픈을 넣었다. 제3의 길 윤리에는 세 가지 주된 갈래가 있는 것 같다. 하나는 모든 것을 포괄하는 개념인 공동체이고, 다른 하나는 평등이며, 나머지 하나는 공동체 개념을 국제 영역으로 확장한 것으로서 "윤리적" 외교정책과 인도주의적 개입 독트린이다. 이 세 번째 갈래는 다음 장에서 다룰 것이다. 앞의 두 가지는 이 장의 주제와 일치하는 것이다.

2.2 배반당한 평등주의

블레어가 공동체를 가장 우선한다는 사실을 감안하면 평등부터 시작하는 것은 순서가 잘못된 것 같다. 그러나 보비오는 '현존 사회주의' 붕괴에도 불구하고 "좌파와 우파 사이에는 매우 뚜렷한 구분이 있으며, 이 구분의 방향타 구실을 하는 북극성은 언제나 평등"이라고 주장한다.[6] 보비오가 강조하지 않더라도 지난 20년간 국내적으로 그리고 전 세계적으로 사회적 불평등이 심화됨에 따라 이 문제가 대단히 긴급한 문제가 되고 있다. 그러므로 제3의 길을 옹호하는 사람들이 이 문제에 대하여 어떠한 이론적 · 실천적 자세를 취하는가 하는 것은 좌파를 혁신하고자 한다는 이 사람들의 주장의 진위를 가리는 리트머스 시험지이다. 뿐만 아니라 노동당 정부가 재무장관 고든 브라운이 고안한 진지한 전략에 따라 불평등 완화를 추구해 왔다는 점에서도 이 문제에 초점을 맞추는 것은 적절하다.[7] 재무장관으로서는 드문 예이지만 브라운은 신노동당의 국내 정책을 주도한 사람인데(블레어 자신은 마치 대통령인 양 행동했지만 많은 점에서 블레어 정부는 양두체제라 할 수 있다.), 이 사람은 평등 문제를 늘 전면에 부각시켜 왔다. 그래서 브라운은 2000년 여름 정부가 침체 속에 빠져 있을 때 이를 기회 삼아 옥스퍼드 대학의 입학 절차를 구식 학교 엘리트주의라 공격하는 한편 "모든 사람에게 기회를"이란 신노동당의 공약을 강조하고 나섰다. 브라운의 전략은 다음의 네 가지 요소를 가지고 있다 :

(1) 목표로 삼는 평등은 기회의 평등이다. 흔히 제3의 길 이데올로그들은 '결과의 평등'을 구좌파와 연결지워 비판한다. 예를 들어 기든스는 좌파를 오랫동안 지배하였던 "모든 비용을 지불하고라도 평등주의"라는 개념이 이제는 시대에 뒤진 것이라 지적하면서 그 대신에 "역동적인 평등주의 모델"이라는 것을 제안한다.[8] 결과의 평등 운운하는 것은 매우 엉뚱하다. 왜냐하면 적어도 오늘날의 논쟁에서 모든 사람들을 정확하게 동일한 물질적 상황에 놓아야 한다는 주장에 동조할 사람은 없기 때문이다.

따라서 존 롤스(John Rawls)의 『정의론』(*A Theory of Justice*)과 관련하여 전개된 로날드 드워킨(Ronald Dworkin), 아마르티아 센(Amartya Sen), 코헨(G. A. Cohen) 등과 같은 정치철학자들의 논쟁에서 주된 테마가 되었던 것은 평등주의가 "순전한 행운"이 초래하는 유해한 결과를, 예를 들어 타고난 재능이라든가 상속에 의한 계급적 지위처럼 당사자의 통제 범위 밖에서 일어난 우연한 사건이 초래하는 유해한 결과를 치유하는 것이 되어야 한다는 것이다. 그러나 일단 자원에 대한 접근 기회의 평등이 이루어진 다음에는 각자에게 배당된 자원을 어떻게 사용할 것인가 하는 문제는 각 개인이 책임져야 할 문제이다. 이 과정에서 발생하는 결과의 차이는 피할 수 없는 것이고 또 불공평한 것이 아니다. 왜냐하면 순전한 행운의 효과(이것은 어느 누구도 누리거나 책임져야 할 것이 아니다.)가 이미 제거되었기 때문이다.[9]

(2) 브라운의 "모든 사람에게 기회를"이란 개념을 좋게 해석하면 그런 종류의 평등주의에 속하는 것으로 봐줄 수 있다. 좀더 구체적으로 스튜어트 와이트(Stuart White)가 말하는 **기본재산 평등주의**의 한 예라 할 수 있다. 이것은 사전에 "생산적 기본재산"의 분배를 평등하게 함으로써 경제생활 시작 초기 소득의 평등을 기하고 추가적인 재분배 필요성을 줄인다는 발상이다.[10] 그러나 이 경우 평등하게 만들 수 있는 생산적 기본재산으로서 유일한 것이 더 나은 교육과 훈련을 통한 기술이다. 이런 발상을 확대하면 유급 고용이 곧 "기회로 가는 길"이라는 브라운의 신념과 만나게 된다. 이런 신념은 장기 실업자를 위한 브라운의 뉴딜정책, 즉 "복지에서 노동으로" 프로그램을 예고하는 것이다.

(3) 이 전략은 어느 모로 보나 경제적으로 바람직한 것이다. "지식경제"에서 경쟁력은 노동자의 기술에 달려 있기 때문이다. 브

라운이 말하듯이 "기회의 평등은 경제의 필수품이기도 하다. 사람들에게 좋은 결과를 가져다 주지 못하는 경제는 곧 말라비틀어지고 뒤떨어질 것이다."[11] 그래서 이 전략은 그 자체로서 덕목이다. 말하자면 사회정의는 경제적 효율성과 충돌하는 것이 아니라 그것을 높여준다. 그래서 블레어 역시 워싱턴 세미나에서 "기업과 정의는 공생할 수 있다"라고 단언한 것이다.[12] 야당 시절 브라운의 다음과 같은 말도 같은 맥락이다 : "경제적 성공과 실패가 자본이 아닌 지식에 대한 접근에 달려 있는 상황에서 개인의 해방은 사적 자본의 철폐가 아니라 노동의 가치를 높이는 데서 이루어진다."[13]

(4) 브라운이 기회의 평등을 추구하는 배경에는 통화주의라고 하는 다소 거친 버전의 신자유주의 경제학이 작용하고 있다. 통화주의는 밀턴 프리드만(Milton Friedman)이 발전시킨 것으로서 1980년대 대처 정부 경제정책의 정당화 근거로 사용된 것이다. 1999년 연설에서 브라운은 프리드만이 부활시킨 고전 자유주의 경제학의 자연실업률(NRU) 원칙을 그대로 인정하는 태도를 보였다.[14] NRU 원칙이란 경제는 물가가 안정되는 수준의 실업률에서 평형을 이루는 경향이 있다는 것이다. (이 실업률을 물가안정실업률, NAIRU라고 한다.) 프리드만과 그 추종자들에 의하면, 예컨대 케인즈 식의 수요관리 정책을 통하여 실업률을 NAIRU 이하로 떨어뜨리고자 하면 생산이나 고용의 장기적 증가는 전혀 이루어지지 않은 채 물가만 높아진다고 한다.[15]

이보다 나중의 연설에서 브라운은 자신의 경제정책을 프리드만의 지적(知的) 표적인 케인즈와 결부시키려 했다. 그래서 브라운은 다음과 같이 주장한다 : "과거 경제정책의 거친 '케인즈주의'를 위시한 단기주의를 거부하고 정치경제에 대한 케인즈의 통찰 중에서 탁월한 부분을 추려내 현대판 케인즈 식 접근을 실천에 옮기는 것이 바로 이 정부입니다."[16] 다른 흥미 있는 사상가의 경우와 마찬가지로 케인즈도 종종 여러 갈래로 해석되며, 그래서 다른 지적 전통을 가진 사람들이 이런저런 주장을 내놓기도 한다. 그러나 "현재와 연결된 미래가 불확실한, 이 불확실성이 지배하는 세계에서 정적인(static) 경제에서 흔히 나타난다고 하는 최종적인 평형상태 같은 것은 존재할 수 없다"라고 말하는 케인즈의 사상과 NAIRU를 가져오는 평형 운운하는 신고전 경제학을 어떻게 한 동아리로 묶을 수 있을까?[17]

브라운이 위의 두 연설에서 지적으로 참조한 것은 프리드만이나 케인즈의 학설보다는 1983-1999년 기간에 재무장관으로서 대처 정부의 경제정책 결정에 주도적 역할을 한 니겔 로슨(Nigel Lawson)이 1984년에 행한 연설이라 할 수 있다. 로슨은 "성장과 고용을 추구하는 것이 아니라 물가를 잡는 것이 거시경제정책의 목표이고 또 목표여야 합니다. 그리고 물가인상을 억누르는 것이 아니라 성장과 고용을 위한 조건을 창출하는 것이 미시경제정책의 목표이고 또 목표여야 합니다"라고 주장하였는데, 브라운은 이 부분을 찬양하고 있다.[18]

로슨이 1980년대 말에 물가인상을 통한 경기부양을 도모한 데 대하여 브라운이 비판한 것은 사실이다. 로슨의 경기부양책은 충분히 예견된 일이었지만 1990년대 초의 경기침체를 낳았다. 그러나 바로 위에서 인용한 로슨의 연설에서 제시된 두 가지 목표는 본질적으로 브라운의 목표와 동일하다. 첫째, 브라운과 마찬가지로 로슨은 정부의 주된 거시경제적 역할은 재정 및 금융 안정을 통하여 낮은 물가인상률을 유지하는 것이라고 믿는다. 1914년 이전에는 금본위제도가 경제를 선출된 정치인의 손에 놀아나지 않고 자동비행하게끔 유지하는 역할을 수행하였는데, 로슨은 그런 역할을 기대하면서 다양한 유사 장치들을 찾고자 하였다. 그래서 일련의 통화 공급 조치들부터 시작해서 파운드-마르크 환율 조정 등 여러 가지를 시도해 보았으나 통화정책 목표의 달성은 연달아 실패하였다. 이 결과 로슨은 1989년 재무장관 직을 사임할 무렵 통화정책에 대한 통제권을 영국은행으로 이관해야 한다는 결론에 도달하였다. 물론 이 일은 1997년 총선 승리로 집권한 노동당 정부에서 브라운이 첫 번째로 한 일이다.[19]

둘째, 로슨은 자연실업률 혹은 NAIRU를 낮추려고 하였다. 통화주의 원칙에 의하면 이 일은 고용의 수익성을 높이기 위한 미시경제 조치를 통해서만 가능하다. 장기 실업률을 낮추는 것은 노동시장의 공급 측면을 바꾸는 문제이다. 여기서 브라운이 로슨과 차이를 보이는 부분이 드러난다. 즉 브라운은 임금인하와 노조 약화보다 더 나은 교육과 훈련을 통한 생산성 제고를 더 강조한다. 그래서 브라운은 "저물가를 유지하는 동시에 생산성 제고와 고용 증대를 위한 적극적 공급 측면의 정책이 필요합니다. … 그리고 생산성 제고를 위해서는 단순한 탈규제 이상의 것이 필요합니다. 즉 노동, 자본, 제품시장의 개혁이 필요합니다"라고 말한다.[20] 이제 우리는 경제적 효율성과 사회정의를 조화시키기 위한 브라운의 공식이 자유주의 경제학—바로 이 자유주의 경제학의 패권 아래서 영국 사회는 그 이전 반세기 동안에 비해 훨씬 더 양극화되었다—의 수용에서 나온 것이라는 역설적인 사실을 알게 된다.

이 문제와 관련하여 많은 얘기가 있을 수 있고, 나는 다른 자리에서 그런 얘기 가운데 일부를 한 바 있다.[21] 여기서는 다만 다음의 네 가지 점에 대해서만 지적한다. 무엇보다도 첫째, 가능하면 많은 사람을 유급 고용하는 것이 불평등을 줄이는 것이라는 발상은 잘못된 발상이다. 부분적으로는 예를 들어 장애인과 노인 같은 가장 어려운 처지에 놓인 사람들 가운데 일부는 일을 할 수가 없기 때문이다. 또한 제공된 일자리의 성격과 보수 수준에 따라 사정이 크게 달라질 수 있다. 이 점은 복지에서 노동으로 뉴딜정책을 책임지고 있는 신노동당 정부 노동장관 마가렛 호지(Margaret Hodge)도 최근 시인한 바 있다 :

> 단순히 사람들을 일자리에 앉히는 것만으로는 충분치 않다. 미국의 예를 볼 때 가난하고 자격요건도 갖추지 못한 사람들을 저임금 일자리에 취업시켜 놓으면 가난에서 벗어나지도 못하고 또 실업자 신세로 되돌아가는 경우가 많다는 사실을 보여주는 증거가 늘어나고 있다.
>
> 이러한 사실은 최근 영국의 나홀로 부모들에 대한 연구에서도 확인되고 있다. 즉 이 사람들을 취업시켜 놓으니까 그 1/4이 1년 이내에 일을 그만두었고 절반 정도가 5년 동안 실업자 신세를 드나들었다고 한다.[22]

둘째, 이러한 고려 때문에 브라운은 더 나은 교육과 훈련을 통한 개인들의 시장 적응능력 향상을 더욱 강조하게 되었는지도 모른다. 그러나 교육을 만병통치약으로 삼는 데는 일부 제3의 길 이론가들도 의문을 표한다. 기든스의 관찰에 의하면, "미국과 유럽을 대상으로 한 수많은 비교연구들을 보면 교육은 광범한 경제적 불평등을 단순히 반영하는 경향이 있다는 사실, 그리고 또 그런 불평등은 그 뿌리에서부터 시정을 시도해야 할 문제라는 사실이 여실히 드러난다."[23] 사실 브라운이 장관인 재무부도 비슷한 얘기를 한 바 있다 :

- 아버지의 소득 격차가 2배인 가정의 아들을 놓고 비교할 때 부잣집 아들의 수학 성적은 가난한 집 아들의 성적보다 5% 높고 읽기 성적은 2.7% 높다.
- 부잣집 딸의 성적은 수학과 읽기 둘 다에서 5% 높게 나온다.[24]

브라운이 옥스퍼드 대학의 입학절차를 공격한 것은 교육 기회에 대한 접근이 더 근본적 현실인 계급을 반영한다는 사실에 대한 블레어 정부의 무지를 드러낸 것이다. 하바드 대학의 경우와 별로 다를 바 없는 것을 평등주의적 입학정책의 모델로 삼아 영국의 대학들에 적용하려고 한 브라운의 시도는 허황된 것이다. 곳프리 홋슨(Godfrey Hodgson)이 더 정확하게 묘사한 바에 의하면, 그런 정책은 "자부심에 넘치고, 유감 없이 엘리트주의적이고 … 무섭게 경쟁적이고 … 또 권위주의적이고 위계적이다."[25]

브라운이 현 교육제도의 총체적 불공평성을 공격한 것은 아주 옳다. 현재 사회경제적 지위가 낮은 집안의 자녀 중 불과 17%가 고등교육기관으로 진학하는 데 반해 비육체노동자 집안 자녀의 경우는 45%에 달한다. 상위 13대 대학에 진학하는 학생의 39%가 사립학교 출신이다.[26] 이런 상황은 명백히 잘못된 것이기 때문에 이를 공격한 브라운이 옳다. 그러나 옥스퍼드 대학의 입학절차가 아무리 잘못된 것이라 하더라도 그것이 이런 상황을 낳은 주된 원인인 것 같지는 않다. 이보다 더 명백한 원인은 영국에서 웃기지도 않게 "공립학교"라 부르는 사립학교에 다니는 학생들에게 투입되는 자원이 국립학교에 다니는 학생의 경우보다 훨씬 더 많다는 데 있다. 현재 노동당은 종래 공익기관이라는 지위를 인정하여 사립학교에 적용해 온 세금감면 혜택을 줄이고 최고 명문 사립학교들을 국립화하려고 한다. 브라운의 이런 시도는 일단 긍정적인 것이다. 그러나 브라운은 "학생들 간의 교육 기회 차이는 그 부모들의 재산 차이에 따라 결정해야 한다"는 "야만성"에 대해서는 손대지 않고 있다.[27]

셋째, 노동당 집권 이래 불평등이 확대되었다. 소득분배의 불평등성을 나타내는 지니계수를 보면 1996-1997년의 33에서 1998-1999년에 35로 높아졌다. 이 수치는 대처 시대 이후 최고치이다.[28] 사회보장부 자료에 의하면, 가계 평균소득의 1/2 이하 소득을 올리는(빈곤의 공식 정의임) 가계에서 사는 인구가 블레어 정부 초기 2년 동안 전체 인구의 16.9%에서 17.7%로 늘어났다. 소득 수준 상위 10%의 소득 증가율은 7.1%에 달하지만 하위 10%의 경우는 1.9%에 그쳤다. 빈곤 아동의 수는 조금 줄었지만 전체 빈곤층 인구는 오히려 늘어났다. 빈곤층 인구증가의 80%는 200만 명에서 240만 명으로 늘어난 빈곤선 이하 연금생활자의 증가로 인한 것이다.[29] 론트리 재단(Joseph Rowntree Foundation)의 연구결과를 보면, 빈곤의 정의를 달리하고 있지만 1999년 말 현재 전체 영국 인구의 26%인 1,450만 명이 빈곤계층이라고 한다.[30]

신노동당 정부 하에서 빈곤층이 늘었다는 사실은 같은 시기에 경제가 상당히 빠른 속도로 성장하고 있었다는 점에서 더욱 충격적이다. 이런 결과는 곧바로 브라운의 정책과 연결된다. 특히 국가연금 인상률을 소득증가가 아닌 물가인상률에 연동시킨 대처 정부의 결정을 브라운이 그대로 답습한 것이 그런 경우이다. 이 때문에 2000년 4월의 국가 연금 인상 폭이 주당 75펜스에 그쳐 조롱감이 되었다. 브라운 자신은 극빈 연금생활자들에게 수입조사(means-tested) 후 최저 소득보장(Minimum Income Guarantee)을 제공함으로써 이 사람들의 고통을 덜어주었다고 주장한다. 그러나 수입조사 후 지급액이 무차별 지급액보다 훨씬 낮은 수준이다.

빈곤 완화를 위한 전통적 사회민주주의 전략은 재분배 조세제도를 통해 마련된 재원을 무차별 지급하는 방식이다. 신노동당은 과거 대처 정부가 취임 첫해에 세원(稅源)을 직접세에서 간접세로 돌린 것과 같은 신자유주의 정책(현재 IMF와 세계은행이 모든 정부들에게 채택 압력을 넣고 있는 바로 그런 정책)에 집착함으로써 전통적 방식을 포기하였다. 브라운은 법인세를 주요 선진국 가운데 최저 수준인 30%로 낮추었다고 자랑한다.[31] 그 결과는 자원을 부자들로부터 빈자들에게로 돌림으로써 빈곤을 완화할 수 있는, 정부의 가장 중요한 재분배 장치를 스스로 포기하는 것이다. 그렇다고 해서 브라운이 그러한 재분배 정책을 전혀 사용하지 않았다는 것은 아니다. 취임하자마자 브라운은 복지에서 노동으로 뉴딜의 재원 마련을 위해 존 플렌더(John Plender)가 이름붙인 "기업의 자금 흐름에 대한 사상 최대의 공격 중 하나"를 감행하였다.[32] 그러나 이 수법도 이미 보았듯이 신노동당 집권 이후 불평등의 심화를 막지는 못했다. 반면에 역진적인 간접세 부담이 늘어난 것은 2000년 가을 연료값 인상에 항의하는 폭동을 야기하는 데 일조하였다.

좀더 일반적으로 말해서 브라운은 전임 재무장관들의 통화정책을 더욱 강력하게 추구함으로써 자신의 "신중함"을 과시하고자 고집을 부렸고, 이것이 블레어의 초기 내각을 절름발이로 만들었다. 심지어 블레어 내각과 가까운 《파이낸셜타임즈》지의 필립 스티븐스(Philip Stephens) 같은 사람도 다음과 같이 항의하지 않을 수 없었다:

> 사후적 관찰의 이점에 힘입은 것이지만, 신노동당이 취임 초 2년 동안 보수당의 지출삭감 목표에 매달림으로써 크나큰 정치적 실수를 하였음은 이제 분명해졌다.
>
> 블레어 씨와 브라운 씨는 다음 번 전쟁이 아니라 마지막 전쟁을 치르고 있다. 노동당이 야당이었던 시절에는 아주 그럴 듯했던 공약이 선거에서 압승을 거둔 정당에게는 족쇄가 되었다. 공공 서비스 개선에 대한 기대는 현실보다 훨씬 더 앞서 달리게 되었다. 금후 몇 년간 지출증대의 대부분이 노동당이 초기에 스스로 선택한 긴축으로 인한 손상을 치유하는 데만 사용될 것이다.[33]

무자비한 공공 지출 삭감은 1970년대 이래 역대 정부의 예산삭감으로 이미 기아상태에 빠진 국민건강보험의 장기적 위기를 발등의 불로 만들었다. 브라운이 2000년 7월 예산보고를 통하여 최종 발표한 공공 지출 절대금액 증액 조치도 집권 초기에 짓밟아 놓은 결과를 뒤집을 것 같지는 않다. 브리턴은 GDP에서 차지하는 정부 지출의 비중이 보수당 집권 말기인 1996-1997년에 41.2%였던 것이 1999-2000년에 37.7%로 떨어졌다고 지적한다:

> 예산보고서의 최종 연도인 2003-2004년의 경우에도 그 비중은 40.5%에 불과할 것으로 예상된다. 이 수치는 보수당 정부 최종 연도 수치보다 낮을 뿐만 아니라 심지어 (1990년대 초) 존 메이저 정부 집권 초기의 44.1%보다도 한참 낮다.[34]

넷째, 이상과 같은 고려의 최종 결론은, 놀랄 일도 아니지만, 평등주의적 열망을 신자유주의 경제학에 이식하는 것이 불가능하다는 것이다. 특히 영국과 미국에서 사회적 · 경제적 불평등을 확대하는 데 기여한 통화주의 정책을 가지고서 "기업과 정의"를 서로 조화시킨다는 것은 불가능한 것으로 드러났다. 이 두 나라의 제3의 길 정치인들은 미국 경제의 붐과 그것이 영국까지 넘쳐 흐른 덕분에 비교적 손쉬운 무임승차를 즐겨 왔다. 1990년대 초 영국에서 그랬듯이 실업률을 다시 올리고 막대한 예산 흑자를 적자로 돌리는 경기침체가 온다면 그런 정치인들은 입맛에 맞지 않는 선택을 강요받게 될 것이다.

브라운은 기회 있을 때마다 영국 경제를 '호경기-불경기' 사이클로부터 해방시켰다고 주장하는데, 이런 주장을 하는 것을 보면 이 사람은 정책을 적당히 조합하면 자본주의가 경기순환을 초월할 수 있다는 식의 아주 순진한 버전의 통화주의 경제학에 빠져 있는 것 같다. 자본주의 경제의 구조적 불안정성—이것은 다른 많은 점에서 차이가 있음에도 불구하고 마르크스와 케인즈, 슘페터와 하이에크 같은 학자들이 공유하고 있는 테마이다—을 부인하는 브라운이라는 사람은 자신의 쌍둥이 형제이자 적인 니겔 로슨의 야심을 능가하는 야심을 가진 사람인가 보다. 역사는 브라운을 깜짝 놀라게 해줄 거리를 소매 속에 감춰두고 있는 것 같다.

2.3 사이비 공동체

흥미 있는 규범적 개념이 대개 그렇지만 공동체라는 것은 갤리(W. B. Gallie)가 이름붙인 "본질적으로 논쟁적인 개념" 가운데 하나이다. 이것은 "그 적절한 사용 자체가 끝없는 논쟁의 주제가 될 수밖에 없는 개념"을 말한다.[35] 갤리에 의하면 이런 논쟁의 원인 가운데 하나는 개념 자체의 내적 복잡성이다. 그렇기 때문에 개념의 복잡성 가운데 어느 측면을 강조하느냐에 따라 그 개념에 대한 서로 다른 해석, 명백히 타당하지만 공존할 수는 없는 해석이 가능하다는 것이다. 그러나 논쟁의 또 다른 원인은 사람에 따라서 그 개념을 사용하는 앞뒤의 맥락이 전혀 다르다는 데서 나온다. 개념은 혼자서 나타나는 것이 아니라 담론 속에서 다른 것들과 결합한 상태로 나타나며, 이 결합의 성격이 개념의 의미를 결정하는 것 같다. 칼링(Alan Carling)은 사회주의자와 제3의 길 지지자들이 자율성, 공동체, 민주주의, 평등 등과 같은 핵심 가치들을 공유한다고 말한다.[36] 이 말은 공동체라는 개념에 대한 매우 반(反)권위주의적 독해를 암시하는 것일지도 모른다.

그러나 적어도 제3의 길의 경우에는 그렇지 않은 것으로 나타났다. 많은 사람들이 신노동당 정부의 도덕적 권위주의를 비판해 왔다. 특히 내무장관 잭 스트로(Jack Straw)는 경찰의 무관용(無寬容) 단속, 배심원 재판의 축소, 망명자 처벌 등을 옹호하는 것으로 유명한 사람이다. 그러나 외부로 유출된 블레어의 메모를 보면 스트로의 행적은 이 정부의 전반적 접근방법의 일단을 드러낸 것에 불과하다. 2000년 4월 말에 작성된 이 메모에서 블레어는 보수당 우파의 권위주의적 포퓰리즘이 설정한 의제를 그대로 받아들이고 있다 :

> 겉보기에 따로 떨어져 있는 문제들이 사실은 서로 연결되어 있다. 이 문제들에 대한 신중하고 집중적인 전략이 필요하다. "당신 집안" 문제들과 영국 전체와 관련된 심각한 문제들이 뒤얽혀 있다. 우선 가족 문제가 있다. 부부 소득공제 폐지와 동성애자 문제 등으로 인하여 정부가 나약한 것으로 인식되고 있다. 정부가 말랑말랑하다고 인식되는 망명자 문제와 범죄 문제가 있다. 그리고 국가 이익을 중시하는 데 있어서는 유럽이 인기가 없는 탓에 아주 조그만 문제에서부터 방위 문제, 심지어 짐바브웨 문제에 이르기까지 모든 문제들에 대한 집중포화가 쏟아지고 있는데, 이 분야에서 정부는 적극적이지 못하다고 인식되고 있다.
>
> 물론 이 모든 것들은 인식이다. 내가 이끄는 정부가 반(反)가족적이라 인식된다는 것은 말도 안 된다. 사실 우리는 망명자와 범죄 문제에 대하여 매우 강경한 조치를 취해 왔다. 코소보 사건은 방위 문제에 있어서 우리가 강하지 않다는 의구심을 날려버린 사건이다. 그러나 이 모든 것들이 합쳐져서 이 정부가, 그리고 나까지 기본적인 영국인의 본능과 동떨어져 있다는 인식을 낳고 있다.[37]

블레어의 해결책은 더 강경해야 한다는 것이다. 예를 들어 런던의 길거리 범죄에 대하여 다음과 같이 말한다 :

> 런던 경찰은 길거리 범죄에 대처하기 위하여 더 많은 조치를 취하고 있다. 그러나 늘 그렇듯이 이런 전략에 상응하는 강한 메시지를 대중들에게 전달해야 하는데 그게 부족하다. 지금 우리는 예를 들어 노상강도를 근절하기 위한 조치를 강구해야 한다. 즉각적인 효과가 있는 무언가 강경한 조치, 이를 통하여 강한 메시지를 줄 수 있는 조치가 필요하다 … 그러나 이런 조치는 즉각 취해야 하며, 나는 개인적으로 이 일에 적극 관여할 것이다.

이런 말은 보수당이 망명자들에 대한 악독한 인종주의적 캠페인을 전개한 시점에서 여론조사에서 몇 위에 오를 것인가를 걱정하는 허영기 있는 한 정치인의 고뇌 이상의 의미를 가진 말이다. 야당 지도자 시절에 이미 블레어는 권리보다 의무를 더 중시해야 한다고 주장하였다 :

> 의무는 품위 있는 사회를 위한 초석이다. 의무는 자기 자신 이상을 인정하는 것이다. 의무는 권리가 발생하는 맥락을 규정한다. 의무는 개인적인 것인 동시에 사회 전체에 관한 것이다. 타인에 대한 존중과 책임감은 강하고 활동적인 공동체의 필수 전제조건이다. 의무는 개인성을 말살하지 않고 건강하게 발전할 수 있게 해주는 사회를 건설하는 데 필요한 방법이다 … 우리가 누리는 권리는 우리가 져야 할 의무를 반영하는 것이어야 한다. 책임감은 의무의 힘과 더불어 나오는 것이어야 한다.[38]

다른 제3의 길 해설자들 역시 개인의 권리를 깎아내린다. 기든스는 다음과 같이 묻는다 :

> 동네 사람들의 삶이 젊은 인종주의 집단에 의해 마구 짓밟힐 때 몇 시 이후 통행금지 제도를 시행하는 것이 자유를 침해하는 것일까 아니면 자유에 보탬이 되는 것일까? 어떤 사람들이 이미 제안한 바와 같이, 도심 지역에 경찰의 감시와 순찰을 대폭 강화하여 사람들이 자유롭게 만날 수 있는 도시 안전지대 같은 것을 만들어야 할까? 종래의 수감이나 보호관찰 대신 전자 꼬리표 같은 것을 어느 정도까지 사용할 수 있고 또 사용해야 할까? 이런 질문들에 대한 답이 어떻게 나온다 하더라도 정말로 중요한 것은 실질적인 자유라는 아이디어이다. 어떤 종류의 자유를 규제하는 것이 전체 공동체의 자유를 더 신장시키는 데 얼마나 도움이 되느냐, 이것이 중요하다.[39]

이 문단은 제3의 길에 관한 두 권의 저서 중에서 권리라는 주제에 대하여 기든스가 의미 있게 기술한 것으로는 유일한 것이다. 그런데 이것이 서방의 주류 지식인들을 주도하는 위치에 있는 사람이 21세기 초에 쓴 글이라고 믿기는 어렵다. 로날드 드워킨은 권리를 다음과 같은 관점에서 보아야 한다고 주장한다 : 권리란 "정치적 결정이 전체 공동체를 위한 것이라고 배후에서 정당화하고자 할 때 사용하는 비장의 무기"이다. 그러한 배후 정당화의 대표적인 예가 바로 그가 말하는 제한 없는 공리주의이다. 이것은 개인들에게 심각한 불이익이 되는 한이 있더라도 전체의 복지를 극대화하는 것이 좋다는 발상이다. 드워킨의 말을 더 들어보자 :

> 사람들을 해치는 어떤 결정이 그럼에도 불구하고 그것이 전체 공동체의 복지를 더 좋게 한다는 주장 때문에—전체 공동체의 복지란 것도

> 그 사람들 나름대로 그럴 듯하게 포장한 것이지만—지지를 받는 상황, 이런 상황에서만 정치 이론의 한 중요한 구성요소로서 권리가 필요하다. 그러나 그런 결정에 반대하는 이유 가운데 가장 자연스러운 이유는 이런 것이다. 즉 아무리 모든 사람들의 복지, 번영, 발전을 위한 것이라 할지라도, 그리고 공동체 안에서 널리 공유되고 있는 어떤 이익을 위한 것이라 할지라도 그런 결정이 소수자에게 미치는 충격에 대해서는 충분한 주의를 기울이지 않은 결정이라는 것이다. 그리고 이런 이유에서 나오는 것이지만 평등에 호소하는 것 역시 자연스러운 반대 의사 표현이라 할 수 있다. 우리는 그런 결정이 분명히 장점을 가진 결정임에도 불구하고 잘못된 결정이라고 말할 수 있다. 왜냐하면 그런 결정이 어떤 사람들에게 안겨줄 불이익을 올바로 감안하지 않은 것이기 때문이며, 또 그래서 평등한 대접을 받아야 할 사람들을 평등하게 대접하지 않은 것이기 때문이다.[40]

소수자의 이익에 대한 침해를 막아주는 것으로서 권리라는 개념을 설정하는 것은 말할 것도 없이 고전 자유주의 사상의 핵심 테마 가운데 하나이다. 밀(J. S. Mill)의 『자유론』(*On Liberty*)에서도 명백하다. 그리고 표현 방식은 좀 다르지만 롤스도 정의의 두 가지 원칙을 논하는 자리에서 평등보다 자유가 우선한다고 주장함으로써 같은 취지의 주장을 하고 있다. 그러나 기든스는 용감하게도 이 모든 주장들을 쓸어내 버렸다. 사실상 모든 주장들을 완전히 묵살해 버렸다. 자유란 극대화될 수 있는 것이고, 그래서 "획득 가능한 자유의 총합"을 증대시킬 수만 있다면 개인의 자유는 무시해도 좋다고 주장하면서. 이런 주장은 범죄 피해자의 권리를 보호하기 위해서라면 피의자의 권리를 제한해도 좋다는 논리(예컨대 잭 스트로가 이런 논리를 펴고 있다)만큼이나 문제 있는 주장이다. 범죄 피해자나 그 가족의 권리는 증거야 어떻든 경찰에 의해 범인으로 지목당한 사람이 법원에서 유죄판결을 받는 장면을 지켜볼 권리로 전락하는 경우가 많다.[41]

내가 권리를 강조하기 위하여 고전 자유주의적 주장들을 들먹인 것은 좀 당혹스러운 일이다. 어찌어찌 하다 보니 마르크스주의자가 현대 서구 자유주의 사회를 옹호하는 사람들에게 자유주의 자체의 본질적 구성요소인 권리에 대하여 상기시켜 주는 장면이 연출되고 말았다. 그러나 아도르노가 말했듯이 "낡은 것으로 간주되던 철학이 계속 살아남는 것은 그 철학을 현실에 옮길 기회가 없었기 때문이다."[42] 자유주의적 자본주의를 비판하는 사람들은 그것이 개인의 자유 보장이라는 약속을 현실화할 때까지 살아남아야 한다고 요구할 자격이 있는 사람들이다. 이런 요구를 하는 것이 권리를 절대적인 것으로 여긴다거나, 사회를 해체하여 (자유주의를 공동체 관점에서 비판하는 사람들이 걱정해 마지않는) 서로 싸우는 개인들의 원자화된 혼란상태로 만들자거나 하는 것은 아니다. 이것은 권리보다 의무를 우선하는 주장들이 더 진지해져야 한다고 요구하는 것이다.

이런 요구에 대한 답변으로 데이비드 셀번(David Selbourne)의 『의무의 원칙』(*The Principle of Duty*)을 들 수도 있겠다. 셀번은 한때 신좌파 진영 안에서 어느 정도 영향력을 가졌으나 환멸을 느끼고 변신한 전 좌파 및 전 여권론자들로 구성된 신보수주의 집단의 우두머리 격인 사람이다. 셀번은 "(자신, 타인, 시민적 질서를 위한) 의무의 이행은 특히 그것이 권리 주장과 맞서는 경우에 역사적으로 선행하는 것일 뿐만 아니라, 도덕적으로도 선행하는 인간관계의 구성요소이다"라고 역설한다. 그리고 블레어와 유사하게 셀번은 자유주의적 권리에 기반을 둔 도덕성의 분열적 효과에 대항하기 위하여 "그러한 의무에 기반을 둔 새로운 사회-주의"를 주창한다.[43]

그러나 셀번의 정말로 끔찍한 책 가운데 이와 유사한 주장은 더 이상 없다. 이 책은 낯부끄러울 정도의 사이비 고전 문체로 되어 있는데, 아마도 셀번은 자신의 스승으로 여기는 듯한 스토아학파 철학자들을 연상하게 만들고자 하는 의도에서 그런 문체를 사용한 것 같다. 롤스와 기타 현대 자유주의 이론가들을 단 한 문장으로 비판한 다음 셀번은 자신의 주장을 "전제"라는 이름으로 제시한다. 말할 필요도 없지만, 전제란 어떤 주장을 펼 목적으로 일단 참이라고 간주하고서 그것으로부터 다른 문장을 연역하기 위해 미리 세우는 것이다. 그런데 셀번은 자신의 "전제"가 참이라는 사실을 입증하기 위한 노력을 거의 하지 않았다. 결국 철학적 저술이라 여기면서 쓴 책이 실제로는 퇴폐적 자유주의라는 악마에 대한 신보수주의적 폭언이 되고 말았다.

기든스는 이른바 다수의 이익을 위해 소수의 권리를 무시해도 된다고 아주 태연하게 주장한 것은 사실이지만, 그래도 권리보다 의무가 우선한다는 주장을 펼 때의 블레어와 셀번만큼 멀리 가지는 않았다. 기든스는 좀더 온건하게 소위 "책임 없는 권리 없다" 정리(定理)라는 것을 내놓았다.[44] 이같은 권리와 의무는 상호 의존적이라고 하는 좀 약한 원칙에 셀번의 주장이 영향을 준 것은 사실이다. 예컨대 셀번은 "권리 없는 의무가 인간을 노예로 만든다면 의무 없는 권리는 인간 각자를 낯선 사람으로 만든다"라고 주장한 바 있다.[45]

그러나 중요한 의미에서 이 원칙은 참이 아니다. 어떤 권리를 갖는다는 것은 정확히 (도덕적으로 그리고/또는 법적으로) 다른 사람들로 하여금 그 권리의 행사를 존중하게끔 의무를 지우는 위치에 선다는 것을 의미한다. 권리에 대한 최근의 연구 가운데 매우 중요한 업적을 남긴 조셉 라즈(Joseph Raz)는 다음과 같이 정의한다 : "갑이 복수의 권리들을 가지는 경우에, 그리고 다른 조건이 동일하다면 갑의 어떤 복지(이익)가 다른 사람에게 의무를 지울 수 있는 충분한 이유가 되는 경우에, 오직 이런 경우에만 '갑이 어떤 권리를 가진다'고 할 수 있다." 따라서 "권리가 다른 사람들의 의무의 근거이다."[46]

권리에 대한 오늘날의 철학적 논의는 자유주의적 정치 이론의 현실적 한계를 고스란히 보이고 있음에도 불구하고 제3의 길 지지자들과 그 동맹자들이 서툴게 그려낸 통속적인 만화 그림과는 지구 반대편의 거리만큼이나 동떨어져 있다. 이와 관련하여 두 가지 점만 언급하겠다. 첫째, 라즈 같은 사람들이 "권리에 기반을 둔 도덕성"을 발전시켰다고 비판한 롤스를 위시한 철학자들은 사실 권리를 원초적인 것으로 간주하지 않았다. 롤스가 말하는 권리란 정의의 두 원칙의 요구조건에 기반을 두고 각 개인에게 할당되어야 하는 어떤 것이다. 라즈 자신의 견해는 이렇다 : "권리를 주장하는 것은 궁극적인 가치를 주장하는 것에서부터 의무를 주장하는 것에 이르기까지의 과정 가운데 중간 결론 같은 것이다."[47] 롤스는 "궁극적인 가치"라는 말 때문에 이런 주장에 동의하지 않을 것이다. 롤스는 선(善)에 대한 어떤 한 가지 개념을 기초로 하여 자유주의 정치체제를 올바로 수립하는 것은 불가능하다고 믿는다. 그러나 롤스의 논의에서 권리가 차지하는 위치는 역시 중간 지점이다.[48]

둘째, 고전적 자유주의자들과 셀번 같은 신자유주의자들 공히 권리에 대하여 지나치게 개인주의적이라는 비판을 가했지만 권리는 꼭 그런 것은 아니다. 라즈에 의하면, 자유주의자뿐만 아니라 이미 보았듯이 사회주의자와 제3의 길 지지자들까지 중시하는 그런 개인적 자율이라는 이상을 실현하기 위해서는 본래적 가치를 갖는 공공재가 적어도 몇 가지는 있어야 한다 : "자율적인 삶을 누리는 것이 궁극적인 가치라면, 충분한 선택의 여지를 갖는다는 것은 본래적 가치이다. 왜냐하면 선택 가능한 대안들이 주어지는 상황에서 사는 것이 자율적 삶의 구성요소이기 때문이다." 그러나 그러한 선택의 범위 자체가 공공재 같은 사회적 조건에 달려 있다. 즉 그 소비에 있어서 사회구성원 어느 누구도 배제하지 않는 "한 사회의 시혜적 특징들"이 있어야 한다는 것이다.[49]

권리에 대한 이상의 논의는 권리를 제대로 설명하는 일이 얼마나 복잡한 난제인가를 잘 보여주고 있다. 개인적 권리든 집단적 권리든 권리를 절대적이고 파기 불가능한 것으로 간주해야 한다고 주장할 수는 없다. 권리들이 서로 충돌할 가능성 때문에 발생하는 문제와는 관계없이, (라즈의 설명에 의하면) 권리가 인간의 이익으로부터 파생되는 것이기 때문에 인간의 이익에 대한 고려가 어떤 특정의 권리 혹은 특정인의 권리를 침해할 수밖에 없는 상황을 낳을 수 있다. 그러나 고전적 자유주의자들의 다음과 같은 주장은 옳다 : 개인적 자율성을 제한하기 위해서는 기든스의 공허한 자유극대화 논리나 셀번의 "의무의 원칙" 같은 교조적 주장이 아닌 어떤 원칙적인 정당화가 있어야 한다.

혹자는 신노동당의 권위주의가 앞에서 살펴본 바와 같은 박약한 이론적 정당화와 관련된 것이라기보다 시민적 자유에 대한 구좌파의 전통적 인식과 관련된 것이라 주장할지 모른다. 전통적으로 역대 노동당 정부들은 개인의 자유를 특별히 중시하지는 않았다. 1965-1967년에 개혁적인 내무장관으로 이름을 날린 로이 젠킨스(Roy Jenkins) 재직 시절 낙태와 동성연애가 합법화되고 영화검열이 폐지된 일이 있는데, 이런 일은 상례(常例)가 아니라 예외에 속하는 현상이다. 1940년대에 허버트 모리슨(Herbert Morrison)과 1960년대에 제임스 캘러한(James Callaghan)이 한 일, 즉 억압적인 친경찰 정책과 (캘러한의 경우) 이민반대 정책 같은 것이 오히려 전형적인 사례이다.

그러나 신노동당과 대처리즘의 특징을 혼합한 정책의 선례로서 이보다 훨씬 나중의 것도 있다. 스튜어트 홀(Stuart Hall)은 대처 여사가 1979년 집권 이전에 이미 경제의 **자유방임**을 지지하였고 사회·정치분야의 이른바 권위주의적 포퓰리즘을 지지하였다고 지적한다.[50] 앤드류 갬블(Andrew Gamble)은 이것을 "자유경제, 강한 국가"라는 2행시로 요약한다.[51] 그러나 이것은 도덕적 권위주의와 결합한 통화주의 경제를 더욱 강화하고 제도화하는 블레어 정부의 기본적 처방전과 정확히 똑같은 것 아닌가?

뿐만 아니라 신노동당의 권위주의가 고든 브라운판 신자유주의 경제학의 한 결과라고 말할 수도 있다. 프리드만의 경제학설이 기본적으로 옳다고 가정하면(브라운처럼) 거시경제적 안정이 이루어지고 올바른 공급 측면 정책이 시행되는 상황에서 실업이 늘어나는 것은 자발적 선택에 의한 것이다. 이런 상황에서의 실업은 일하기를 거부하는 개인들의 역기능적 행동의 산물이며, 다시 그런 역기능적 행동은 개인적인 도덕 불감증이나 널리 퍼져 있는 "빈곤문화"에서 나온 것임에 틀림없다. 장기실업 대책으로 제시된 뉴딜정책의 내용 중에는 일하기를 거부하는 사람에게 복지수당을 주지 않는다는 일종의 강제장치가 포함되어 있는데, 이것을 정당화하는 논리가 바로 여기에서 나온다. 그런 의미에서 브라운 식의 "평등주의"는 블레어 식의 권위주의와 딱 맞아떨어진다.

이상의 논의는 공동체 개념 자체를 깎아내리기 위한 것이 결코 아니다. 분명히 말하건대, 평등한 사회를 지향하는 사람이라면 누구나 공동체 개념을 매우 진지하게 받아들여야 한다. 최근에 코헨은 자신이 이름붙인 "오래된 비책"(秘策)이라는 것을 내놓았다. 그것은 "불평등을 극복하기 위해서는 경제구조에서의 혁명만이 아니라 감정이나 동기화에서의 혁명이 필요하다"는 것이다. 코헨은 롤스의 두 번째 정의 원칙, 즉 "차이 원칙"을 비판한다. 차이 원칙이란 가장 가난한 사람들에게 이득을 주기 위하여 꼭 필요한 경우라면 사회적·경제적 차이를 허용한다는 것이다. 롤스가 볼 때 바로 이 원칙이 소득 격차를 정당화한다. 소득 격차가 재능 있는 사람들에게 더 많이 생산하도록 동기를 부여하며, 이렇게 하여 생산이 늘어나면 극빈자들에게 이득이 되기 때문이다. 코헨이 볼 때 이런 주장이 뜻하는 바는 평등주의적 구조와 불평등주의적 태도의 공존, 적어도 재능 있는 사람들 입장에서는 바로 그런 공존이다. 왜냐하면 재능 있는 사람들이 롤스의 정의 원칙을 받아들인다면 자기들이 당연히 해야 할 일을 하면서 그에 대한 특별한 보상을 요구할 수는 없게 되기 때문이다. 코헨의 결론은 다음과 같다 :

> 차이 원칙을 따르는 사회는 … 강제적 '규칙' 뿐만 아니라 각 개인의 선택에 영향을 주는 정의에 대한 '에토스' (ethos)도 갖추어야 한다. 그런 에토스가 없으면 극빈자들의 처지를 개선하기 위해 필요한 정도 이상으로 불평등이 심화될 것이다. 그런 에토스는 경제적 게임 규칙 자체가 제공하는 분배보다 더 정의로운 분배를 촉진한다. 그리고 정말로 필요한 것은 일상생활에 영향을 주는 동기화에 자리 잡은 에토스, 일종의 반응의 구조이다.[52]

이런 종류의 평등주의를 위해서는 각 개인이 단지 물질적 보상만을 위해서가 아니라 서로 이익을 주기 위하여 생산에 종사한다는 식의 강한 공동체 개념이 반드시 있어야 한다. 코헨이 강조하듯이 이런 동기화는 탐욕과 공포에 의존하는 시장경제와 부합하지 않는다.[53] 이것은 사회주의적 공동체 개념이다. 물론 다른 개념들도 많이 있다. 현대 영어권의 철학 가운데 공동체주의로 알려진 하나의 강력한 흐름이 있다. 공동체주의는 자유주의적 개인주의를 비판한다. 자유주의가 개인의 정체성뿐만 아니라 윤리적 개념까지 좌우하는 넓은 범위의 사회적 맥락을 적절히 설명하지 못한다는 근거에서. 그러나 가톨릭 신학자 앨러스데어 매킨타이어(Alasdair MacIntyre)가 발전시킨 가장 강력한 버전의 공동체주의는 아리스토텔레스의 덕 이론과 성 오거스틴 기독교 교리로 대표되는 윤리적 전통을 무시한다는 점을 들어 자유주의뿐만 아니라 현대성 자체도 싸잡아 비판한다.[54]

이런 철학적 주장들을 제3의 길이 어떻게 동원할 수 있을지는 참 의문시된다. 제3의 길은 자본주의에 대한 사회주의적 비판을 거부하고 시장을 옹호한다 : 브라운은 1999년 11월 고용주들 앞에서 "우리는 또 다시 성공, 경쟁, 이윤, 시장 이런 것들을 반대하는 사람으로 비쳐져서는 안 됩니다"라고 말하였다.[55] 사실 신노동당은 기업이 사회생활의 모든 영역으로 침투해 들어가는 것을 돕는다는 면에서 보수당 선배들보다 훨씬 더 멀리 나갔다.[56] 신노동당은 또한 현대성을 찬양하는 경박함도 유감 없이 보여주었다. 블레어의 연설들은 "새롭다"는 말로 도배되어 있다. 1997년 6월 유럽 사회당 총회에서의 연설을 보면 "새롭고, 새롭고, 또 새롭다. 모든 것이 다 새롭다"고 한다.[57] 블레어 정부는 영국의 인기 있는 예술가, 음악가, 건축가, 디자이너 등과의 친화성을 강조하기 위하여 "시원한 영국"(Cool Britannia)이라는 기괴한 구호를 만들어냈지만 밀레니엄 돔 식의 어설프고 낡아빠진 모더니즘의 진부함만 드러냈을 뿐이다.

자본주의와 현대성의 힘과 그토록 궁합이 잘 맞는 정치적 사조가 어떻게 그런 힘을 반대하는 것으로 자기 규정을 하는 공동체주의적 이론들에 편승할 수 있을까? 블레어의 18번곡이 된 "현대적 상황에서의 전통적 가치"는 확실히 이 문제에 대한 해결책이 되지 못한다. 한편으로, 왜 전통적 가치가 살아남아야 하는지를 설명해 주는 원칙적 이유 같은 것이 없다. 명예라는 개념을 한번 생각해 보자. 몽테스키외와 토크빌이 보여주듯이 명예란 귀족적 전사(戰士) 사회에서 결정적 역할을 한 덕목이다. 이것이 현대 자본주의 사회에 사는 우리에게 아직도 무언가 의미 있는 것이 될 수 있을지 모른다. 그러나 단순한 가정이 아니라 주장과 실천 사례를 통하여 그것을 증명해 보여야 한다. 다른 한편으로, 중요한 가치는 전통적인 것이 아닐 수도 있다. 예를 들어 현대 정의 이론의 핵심을 이루는 평등은 전통적 가치가 아니라 영국 혁명, 미국 혁명, 프랑스 혁명 시기에 등장한 전형적으로 현대적인 정치적 이상이다.

"공동체"와 "가치"에 대한 모든 주장들은 혹시 제3의 길의 진면목인 이 세계의 무자비한 상품화를 가리기 위해 덧씌운, 무늬만 번지르르한 합판 같은 일종의 싸구려가 아닐까? 지젝(Slavoj Žižek)은 동일한 현상의 다른 측면을 표적으로 삼고 있다 :

> 이것은 우리가 명심해야 할 궁극적인 역설이다 : 오늘날 유행하고 있는 사회적 삶의 "심리화"(데일 카네기에서부터 존 그레이에 이르기까지 많은 저자들이 쓴 각종 심리학 편람이 홍수를 이루고 있는데, 이런 책들은 행복으로 가는 길을 우리 내부에서, 우리의 심리적 성숙에서, 그리고 자기 발견에서 찾아야 한다고 설득하기 위한 것들이다. 오프라 윈프리 식의 공개 고백도 있다. 이것은 정치인들이 정치적 결정을 정당화하기 위하여 개인적인 상처와 걱정을 공개적으로 털어놓는 것을 말한다.)는 정확히 그것과 반대되는 것, 즉 진정한 자기 경험이라고 하는 바람직한 심리적 차원을 더욱 파괴하는 것을 숨기기 위한 마스크(혹은 겉모습)이다.[58]

블레어는 진정성을 보여주기 위한 방법으로 감정을 공개적으로 드러내는 오프라 윈프리 스타일의 대가(大家)이다. 아마 가장 유명한 사례가 1997년 9월 다이애너 세자비 죽음 당시의 일일 것이다. 두 달 뒤에 블레어는 포뮬라 원 회장인 버니 에클스톤이 노동당에 100만 파운드를 기부하였다는 사실과 관련된 스캔들에 직면하였다. 비판자들은 재빨리 이 사건이 바로 자동차 경주에 담배 광고를 금지하는 법안에서 정부가 뒷걸음질한 배경이라 공격하였다. 그러자 블레어는 TV에 나가서 다음과 같이 고백하였다 : "저는 매우 솔

직한 사람입니다."[59] 지젝은 이 '공연'에 대하여 다음과 같은 논평을 내놓았다 :

> 심리적 불안을 대중과 공유하는 것, 공과 사를 뒤섞는 것, 이런 것은 그것이 심리적으로 진실한 것이라 하더라도, 그리고 진실한 경우에 더더욱 진짜 사적인 것을 냉소적으로 숨기는 것이다. 사적인 의심과 불안감의 공개적 전시행위가 가짜라서 그런 것이 아니다. 이런 전시행위가 숨기는 것은 당해 정책이나 결정의 '객관적인' 사회정치적 · 이데올로기적 의미이다. 이런 전시행위가 진실한 것일수록 더 '객관적으로' 냉소적인 것이 된다. 정책이나 결정의 진정한 사회적 의미와 효과를 신비화한다는 점에서 그렇다.[60]

일부 제3의 길 이론가들은 자본주의를 옹호하는 것과 공동체주의적 가치를 주장하는 것이 모순이라는 사실을 알고 있다. 예를 들어 레드비터는 공동체를 "지식경제"의 역동성에 장애가 되는 반동적인 것으로 몰아붙인다 :

> 시장 자본주의에 대한 공동체주의적 비판은 겉보기에 그럴 듯하나 사실은 실망스러운 것이다. 강한 공동체는 불관용(不寬容)과 편견의 온상이 될 수 있다. 잘 자리 잡히고 안정된 공동체는 혁신, 재능, 창의성, 다양성 그리고 실험정신의 적이다. 그런 공동체는 외부인, 반대자, 젊은 벼락부자 그리고 이민자들에게 적대적인 경우가 많다. 또한 공동체는 매우 빠른 속도로 향수병(鄕愁病)을 부르는 응원가가 될 수 있다 : 이런 종류의 공동체는 경제성장의 근원(根源)인 지식 창출의 적이다.[61]

기든스는 전통과 현대성 사이의 긴장을 강조하면서 이것이

"시장 근본주의와 보수주의"의 신자유주의적 결합을 분리시키고 있다고 주장한다 :

> 한편으로 자유시장을 강조하고 다른 한편으로 전통적 가족과 국가를 강조하는 것은 자기 모순이다. 개인주의와 선택은 가족과 국가적 정체성이라는 경계선을 만나면 갑자기 걸음을 멈추게끔 되어 있다. 반면에 전통은 거기에 조금도 다치지 않고 의연하게 서 있다. 그러나 시장의 힘이 만드는 "영구 혁명"만큼 전통을 해체하는 것은 없다. 시장사회의 역동성이 전통적 권위구조를 손상시키고 지역공동체들을 해체한다 ; 신자유주의는 시민들에게 그냥 무시하라고 요구하면서 새로운 위험과 불확실성을 만들어낸다. 더욱이 신자유주의는 시장의 사회적 기초 자체를 무시한다. 시장은 시장 근본주의가 무심코 무시해 버리는 바로 그러한 공동체적 형태 위에 존립하는 것임에도 불구하고.[62]

그러나 이것과 완전히 똑같은 모순이 신노동당을 두토막 내고 있다. 블레어는 대처 못지않게 가족, 교회, 군주제, 국가를 중시하는 데 앞장서고 있다. 이런 것들을 설명할 때 더 현대적인 용어를 사용한다는 차이는 있지만. 그런 한편으로 이미 보았듯이 블레어 정부는 대처가 옹호했던 것과 같은 버전의 신자유주의 경제학을 지침으로 삼고 있다. 이런 식의 자세가 지닌 불안정성은 기든스가 이른바 "죽은 현대성" 이론을 내놓기 훨씬 더 전에 이미 지적된 바 있다. 『공산당선언』에서 마르크스는 자본주의를 그 끊임없는 전진이 전통적 제도들을 뒤엎고 지구 전체를 그 생산적 파괴 사이클에 굴복하게 만드는 혁명적 생산양식으로 묘사하였다. 제3의 길 신도들은 자기들이 지구적 자본주의라는 호랑이 등에 올라탈 수 있다고 믿는다. 아마 실망하게 되겠지만.

3

인류의 구원자들

3.1 세계경찰 노릇 하기

J. G. 발라드의 최근 소설 『슈퍼 칸느』(*Super-Cannes*)는 에덴-올림피아라고 하는 자본주의 유토피아를 그리고 있다. 이것은 칸느 시의 한 언덕에 건설된 비즈니스 공원이다. 이 슈퍼 칸느는 다국적 기업 경영자들이 일하고 가끔 놀기도 하는 곳으로서 유럽의 신경제 수도이다. 또 이곳은 늘 싱싱하고, 잘 다듬어지고, 완벽하게 경비되고 또 첨단기술로 가득 찬 격리 지역이다. 고도로 질서가 유지되고 조심스럽게 설계된 이 공동체에서는 갈등이 사라졌다. "이곳에서는 소방훈련이나 주차단속 법규처럼 무엇이 옳고 그른가에 대한 판

단도 잘 짜여진 사회적 조직망 안에서 거의 기계적으로 이루어진다."[1] 필연적으로 억압받는 사람들도 나오게 된다. 지루함에 지친 늙은 경영자들이 폭력의 진수를 즐기고 싶어서 코트다쥐르 지역 여기저기 있는 **변두리 판자촌**의 아랍계 이주자들에 대한 야간 습격 파티를 벌일 것이기 때문이다.

이런 환상은 발라드가 오랫동안 집착해 온 것들을 극화한 것이지만 현대 자본주의에 대한 날카로운 풍자를 담고 있다. 적어도 제3의 길 사상에 내재되어 있는 그런 사회에 대한 자기 이미지를 암시하고 있다. 20세기의 진통을 겪고 난 다음에 기업과 정의를 화해시키는 과정을 거치고 있는 선진 자본주의 국가들에서 그 체계의 심장부에 군림하고 있는 것은 바로 조화이다. 그러나 주변부의 다른 곳에는 아직도 전제정치와 폭력으로 일그러진 악당국가와 실패한 국가들이 있다. 그래서 가끔씩 자유주의적 자본주의 국가들이 그런 무질서를 바로잡기 위하여 풍요에 겨운 단잠에서 일어나 경찰 노릇을 할 필요가 생기게 된다. 이리하여 지난 10년 동안 이라크 전쟁, 이라크와 유고슬라비아에 대한 공습과 봉쇄, 소말리아와 시에라리온 원정 등과 같은 다양한 **진압작업**이 나온 것이다.

발라드의 소설과 실제 세계의 한 가지 중요한 차이는 공격자의 동기에 관한 것이다. 자유민주주의자들이 군사적 개입을 감행하는 것은 그들 자신의 심리적 동기에서 나오는 것이 아니다. 또한 이 사람들은 19세기와 20세기의 악습인 **현실정치**(Realpolitik)의 밑바탕을 이루는 지정학적 혹은 경제적 목적도 부인한다. 이보다는 인도주의적 원칙을 내세운다. 그리고 제3의 길 정치인들의 경우에는 자신들의 국내정책의 동기가 된 것과 똑같은 가치들을 내세운다.

인도적 전쟁의 결정적 사례는 물론 1999년 NATO와 유고슬라비아 간의 발칸 전쟁이다. 클린턴, 블레어, 조스팽, 슈뢰더 등을 우두머리로 한 NATO 지도자들은 코소보 지역 다수 인종인 알바니아계에 대한 세르비아계의 인종청소를 중지시키기 위하여 NATO의 폭격이 불가피한 조치였다고 주장한다. 그러나 블레어는 이보다 훨씬 더 나아갔다. 첫째, 블레어는 이 전쟁이 제3의 길 전쟁이라고 선언하였다. 이 전쟁은 "제2차 세계대전 이후에 태어나 진보정치에서 두각을 드러낸, 그러나 좌우 어느 쪽의 선배 지도자들에 비해서도 뒤지지 않는 단호함으로 끝까지 밀고 나가려고 하는, 미국과 유럽의 새 세대 지도자들"이 벌이는 전쟁이라는 것이다.[2]

둘째, 블레어는 제3의 길 독트린을 국제무대로 연장하는 것 같은 논리로 NATO의 정책에 대한 야심찬 정당화를 시도하였다. 즉 "이것은 그 어떠한 영토적 야심이 아니라 가치에 기반을 둔 정의의 전쟁"이라 한다. 여기서 말하는 정의란 단지 세르비아인들의 공격으로 희생당한 사람들의 고통에서만 도출되는 것이 아니라 '세계화'의 결과에서 도출되는 것이기도 하다. 이때 세계화란 "경제적 현상만이 아니라 정치적 · 안보적 현상이기도 한 것이다." 블레어의 말을 더 들어보자 :

> 지금 우리는 새로운 국제공동체 독트린의 출범을 목격하고 있습니다. 무슨 뜻이냐 하면 현재 우리는 과거 어느 때보다 더 상호 의존적이라는 사실, 국가이익이 국제협력에 의해 좌우되는 정도가 매우 심해졌다는 사실, 이 독트린이 국제정치의 모든 영역에서 우리를 어느 방향으로 이끄는지에 대한 분명하고 일관성 있는 토론이 필요하다는 사실, 이런 사실들

> 을 확실히 인정해야 한다는 뜻입니다. 국내정치의 경우와 마찬가지로 동반자 정신과 협력이 자기 이익을 실현하는 데 필수적이라는 믿음, 바로 이런 공동체 개념이 부상하고 있고, 이제 그것을 국제무대에서 실현할 때가 되었습니다.[3]

이리하여 이제 공동체라는 것이 국내 수준뿐만 아니라 국제 수준에서도 주인 자리를 차지하는 개념이 되었다. 블레어에 의하면 이 "국제공동체 독트린"은 국가주권이라는 개념에 포함된 불간섭 원칙도 경우에 따라서 무시할 수 있다는 것을 뜻한다. 블레어는 강대국들의 개입 여부를 결정하는 데 필요한 지침으로서 "5대 고려사항"이라는 것을 제시한다. 즉 군사작전의 필요성, 외교적 옵션의 고갈, 군사작전의 성공가능성, 장기적 개입도 불사하겠다는 개입하는 국가 측의 의지, 문제가 되고 있는 갈등에 걸려 있는 개입하는 국가 측의 국익 등이 그것이다.[4] 코소보의 경우가 바로 이와 같은 기준에 딱 들어맞는 것으로 확신한 블레어는 이 전쟁이 끝났을 때 "선이 악을 이기고 정의가 야만성을 극복하고 문명의 가치가 득세하였다"라고 선언하였다.[5]

물론 이 "가치의 전쟁"이 정의로운 것인가에 대하여 회의적인 사람도 많다. 블레어 자신도 다음과 같이 인정하고 있다 : "세계를 둘러보면 비민주적이고 야만적 행동을 하는 정권이 아주 많다. 만일 우리가 이 세계의 모든 악을 바로잡고자 한다면 그런 국가들에 개입하는 것 말고 할 수 있는 일은 거의 없게 될 것이다."[6] 그렇다면 왜 슬로보단 밀로셰비치(Slobodan Milošević)의 세르비아 민족주의 정권이 특별한 관심의 대상으로 선택되었을까? 곧바로 비판자들은 밀로셰비치가 코소보에서 저지른 잔혹행위 같은 것이 터키와 콜롬비아에서도 있었다는 사실을 지적한다. 더욱이 터키와 콜롬비아 정부는 서방의 지지에 의존하고 있기 때문에 그만큼 외부의 압력에 취약하다고 할 수 있다. 그러나 이 두 국가의 정부가 서방의 지지를 받는다는 것은 곧 이 양국이 서방의 이익에 매우 중요하다는 사실을 보여주는 것이다. 서방의 이익에 중요하다는 사실, 바로 이 사실이 터키와 콜롬비아가 선택되지 않은 이유를 선명하게 설명해 준다.[7]

발칸 전쟁을 옹호하는 사람들은 세르비아군이 코소보에서 행한 알바니아계 집단학살과 추방을 지적함으로써 그런 성가신 비판들을 쓸어내 버리려 한다. 논쟁을 잠재우기 위해 끊임없이 이런 만행과 나치 대학살을 비교한다. 공습 초기에 클린턴은 다음과 같이 말했다 : "이것은 우리의 가치에 관한 것입니다. 만일 누군가가 윈스턴 처칠의 말에 귀를 기울여 더 일찍 아돌프 히틀러에 맞섰다면 얼마나 많은 사람들의 생명을 구할 수 있었을까요?"[8] 이 비유는 서방의 좌파 자유주의 진영에 남아 있던 강한 죄책감에 힘입어 더 큰 설득력을 얻었다. (좌파 자유주의 진영은 1995년 7월 보스니아 회교도 7,000명 집단학살 사건 같은 보스니아 전쟁 시기 세르비아군이 저지른 만행에 대하여 강한 죄책감을 느끼고 있었다.) 또한 이 비유는 코소보에서 이보다 더 큰 규모의 학살이 벌어졌다는 주장으로 더욱 힘을 얻었다.

이런 주장을 골목대장처럼 우격다짐으로 우겨대는 대표적인 사례는 잔혹행위를 매우 열심히 추적해 온 존 스위니(John Sweeney)가 영국에서 이 전쟁에 대한 비판을 주도하는 세 명의 비판자들, 즉 언론인 존 필거(John Pilger), 극작가 해롤드 핀터(Harold Pinter), 작가 겸 방송인인 타릭 알리(Tariq Ali)에게 가한 공격이다 : "이 모든 잔혹행위는 한 가지 공통점을 가지고 있다. 모두 밀로셰비치의 소행이라는 점이다. 집단 매장지를 파헤쳐 보면 코소보의 경우가 아마 최악일 것이다. 수만 구의 시체가 계속해서 발굴되는 모습을 본다면 필거, 핀터, 알리는 스스로 수치를 느껴야 할 것이다."[9]

스위니와 그 동지들에게는 당혹스런 일이겠지만, 1999년 6월 NATO군이 코소보를 점령하여 매장지를 파헤쳤을 때 나온 시체의 수는 NATO 지도자들이 가끔 시사한 "수십만"은 고사하고 "수만"에도 미치지 못하였다. 구유고슬라비아 지역에 파견된 국제형사재판소 대변인이 2000년 8월에 발표한 바에 의하면 "발굴될 시체의 최종 숫자는 1만 미만일 것 같고, 아마 2,000에서 3,000 사이 정도로 추산하는 것이 아마도 더 정확할 것이다."[10] 이것은 밀로셰비치 정권의 범죄성을 보여주는 추가적인 증거이다. 그러나 세르비아군의 잔혹행위와 나치 대학살을 비교하는 것은 이 두 사건이 20세기에 일어난 순도 100%의 집단학살이라는 공통점을 경시하는 것이다. 밀로셰비치의 군대에 의해 실제로 저질러진 이 집단학살의 주된 목적이 코소보에서 알바니아계를 몰아내기 위한 다각적 노력의 일환이라는 것은 의문의 여지가 없다. 그러나 이 부인할 수 없는 범죄행위가 만일 NATO군의 공습이 없었더라도 일어났을까? 전쟁을 옹호하는 사람들은 이 물음에 대한 답변을 내놓아야 한다. 영국 하원 국방위원회는 이 전쟁행위를 강도 높게 비판하면서 다음과 같이 논평하였다 : "1999년 3월 24일 시점에서 이미 시작된 인간적 대재난을 공습을 통하여 막을 수 있다고 생각하거나 제안한다면 현명한 정치인이 아니다. 반대로 공습계획이 대재난의 시작 시점을 앞당겼

음을 보여주는 증거들이 쏟아지고 있다."[11]

이름이 잘못 붙여진 '랑부예 합의' (Rambouillet Accords)를 검토해 보면 NATO군의 군사작전에 대한 비판이 더 큰 힘을 받게 된다. 유고슬라비아가 이 합의를 거부한 것이 군사작전의 직접적 계기가 되었는데, 이 최후통첩의 내용, 특히 악명 높은 부칙 B를 보면 NATO군에게 유고슬라비아 전 지역에 대한 무제한 접근권을 부여하고 있다. 이것은 처음부터 유고슬라비아 측의 거부를 유도하기 위해 계산된 것으로 보인다. 당시 미국 국무장관 매들린 올브라이트도 전쟁이 끝난 후에 그런 사실을 시인한 바 있다. 클린턴은 앞에서 인용한 연설에서 "문명의 가치"를 위한 전쟁에 관하여 많은 말을 하면서 그 가운데서 매우 다른 정당화 논리를 제시하였다:

> 자, 만일 우리가 냉전과 제2차 세계대전으로부터 무언가 배운 것이 있다면 그것은 우리나라의 번영과 안전을 위하여 안전하고 확실하고 자유롭고 통일된 유럽, 우리의 좋은 교역 파트너인 유럽이 필요하다는 것입니다. 유럽 사람들은 우리 제품을 살 만큼 부유하고 또 세계 문제를 보살피는 데 있어서 우리와 짐을 함께 질 사람들입니다 …. 자, 코소보에서의 일은 모두 이것과 관련된 일입니다.[12]

이 놀랄 정도로 솔직한 말은 미국이 인도적 고려보다 지정학적 고려를 더 우선한다는 사실을 보여준다. 클린턴은 또한 NATO를 동·중부 유럽으로 확장하는 문제와의 관련성도 스스로 분명히 하였다. NATO의 확장은 전쟁 시작 몇 주 후인 1999년 4월부터 실행에 들어갔다. 이 장의 후반부에서 살펴보겠지만, NATO의 확장은 전 유라시아 대륙에 걸쳐 미국의 패권을 구축하기 위한 더 큰 전략의 일부이다. 이런 맥락에서 코소보에서의 간단한 경찰 노릇이 결정된 것이다. 이 전쟁을 기안한 국무부 관리들의 입장에서 보면 코소보는 말썽 많은 국가들에게 NATO군을 투입하기 위한 손쉬운 현장 실습감이다.

물론 실습 현지의 사정은 아주 나쁜 방향으로 돌아갔다. 밀로셰비치는 올브라이트와 그 보좌관들의 예상과는 달리 바로 항복하지 않고 코소보 알바니아계에 대한 인종청소라는 공포극을 연출하였다. NATO군 사상자를 많이 낳을지도 모르는 지상 공격을 피하기 위하여 클린턴은 슈뢰더 정부의 도움을 받아 러시아 사람들과의 통로를 열 수밖에 없었다.[13] 밀로셰비치는 국제적으로 고립되었다는 러시아 측의 설득에 굴복당하여 만일 랑부예 합의에 그런 내용이 있었다면 전쟁 자체가 불필요해졌을 것 같은 내용의 거래 조건을 받아들였다. 유고슬라비아 군대는 은신처에서 나와 숫자, 무기, 사기 면에서 조금도 손상을 입지 않은 채 코소보 지역에서 철수하여 다음 작전을 위해 국경 근처에 웅크려 앉았다. NATO군 점령 하 코소보의 상황이 어떠했는지는 신보수주의 논객 에드워드 러트왁(Edward Luttwak)이 잘 요약하고 있다 :

> 그 모든 것들이 달성되었다 … 세르비아 계에 의한 인종청소가 알바니아 계에 의한 인종청소로 대체되었고, 세르비아 계의 잘못된 통치가 UN/NATO/EU의 잘못된 통치로 대체되었다. UN/NATO/EU의 신탁통치는 그날그날의 안전, 경제재건에 필요한 재원 그리고 문명화된 정치의 등장을 예고하는 조치 같은 것들을 전혀 제공하지 못했다.[14]

3.2 패권이라는 갑옷

코소보에서의 실패가 신노동당 정부의 열망, 적어도 인도적 개입에 대한 열망을 식히지는 못하였다. 블레어는 코소보에서 지상전을 해야 한다고 주장하는 등 NATO 지도자들 가운데 가장 호전적이었다. 지상전 주장에서 좌절을 겪었음에도 불구하고 블레어는 코소보 전쟁을 노동당 정부의 위대한 성공 사례 가운데 하나로 자주 거론한다. 그것이 인도적 개입의 사례로서, 혹은 자신의 강인함을 보여주는 증거로서 얼마나 성공적인 것이었는지에 대해서는 분명하게 제시하지도 않으면서. 이런 태도는 2장 3절에서 인용한 메모에도 나타난 바 있다. 블레어는 코소보 전쟁을 대처에게 "철의 여성"이라는 타이틀을 안겨준 포클랜드 전쟁의 재판(再版)으로 삼고자 한다. 어찌 되었건 2000년 5월에 블레어가 다이아몬드 부국인 전(前) 영국 식민지 시에라리온에서 발생한 내전에 개입하기 위한 파병을 결정한 것은 사실이다.

이런 종류의 개입에 공감하는 제3의 길 지지자들은—적어도 인도주의자로 불리기를 원한다면—앞의 절에서 소개한 발칸 전쟁에 대한 우울한 분석을 받아들여야 할 것이다. 이 분석은 인도적 고백 뒤에 지정학적 고려가 숨어 있음을 감지해낸다. 이런 분석은 항구적인 경쟁자와 전쟁을 상정하는 '구식' 사고가 아직도 유럽의 국제질서 속에 뿌리내리고 있음을, 그리고 1945년 이후 초강대국 경쟁 기간에 전 세계로 확장된 그러한 국제질서 속에 뿌리내리고 있음을 보여준다.

제3의 길 시각에서 볼 때 국가들 간의 근본적인 이익 충돌은 이제 과거지사이다. 기든스는 오늘날의 자유민주주의 국가를 "적이 없는 국가"라 부른다.[15] 이 사람은 다음과 같이 선언한다 : "구식 지정학은 이제 시대에 뒤떨어진 것이 되었다. 논쟁적인 주장이기는 하지만 나는 냉전 해체 이후 대부분의 국가들이 적국을 갖지 않는 국가가 되었다고 주장하고 싶다. 영국의 적은 누구인가? 프랑스의 적은? 브라질의 적은?"[16]

표면상으로 볼 때 이런 질문을 던지는 것은 이상한 일이다. 왜냐하면 1989년 이후 10년간 영국과 프랑스는 두 번이나 전쟁에 가담하였기 때문이다. 1991년의 이라크 전쟁과 1999년 유고슬라비아에 대한 발칸 전쟁이 그것이다. 그러나 오늘날 서방의 독트린은 국가들을 분류함으로써 그러한 반대 사례의 빛을 잃게 한다. 즉 가치와 이익의 공유라고 하는 그토록 강력한 결속력을 가지고 있는, 그래서 서로 간의 전쟁은 상상도 할 수 없는 서방 자유민주주의 국가, 국제사회의 규범을 준수하지 않는 "악당국가"(최근 미 국무부는 "관심 대상 국가"로 이름을 바꾸었지만), 그리고 그 국민들에게 최소한도 수준의 사회적 결속도 제공해 주지 못하는 "실패국가"로 분류한다. 뒤의 두 가지 비자유국가들은 정당한 외부 개입 대상 국가이다. 이라크, 유고슬라비아, 북한 같은 악당국가들은 가끔씩 경찰 노릇을 해줄 필요가 있는 국가들이고, 실패국가들은 국제사회의 구호활동이 필요한 국가들이다.

이러한 분류는 롤스의 『인민의 법』(*The Law of Peoples*)이라는 책에서 그 철학적 그림자를 찾을 수 있을 것 같다. 이 책은 사회의 종류를 4개로 나누고 있다 : 정의에 대한 자유주의적 개념에 기반을 두고서 입헌민주주의를 시행할 수 있는 자유주의적 인민, 비록 사회구조가 위계적이지만 "품위 있는 협의적 위계질서"를 통하여 구성원들의 공적 생활 참여를 어느 정도 허용하는 "품위 있는 인민"(이 대목에서 롤스가 염두에 둔 것은 전통적 회교 사회인 듯하다), 아직도 전쟁을 정당한 정책 수단으로 간주하는 "불법국가", 불리한 상황 때문에 자유주의 사회나 품위 있는 사회 수준에 이르지 못한 "부담국가" 등이 그것이다.

자유주의적 인민과 품위 있는 인민, 이 두 종류의 인민이 "질서 잡힌 인민"을 구성한다. 질서 잡힌 인민이란 국내적으로 이미 달성한 협력 수준 덕분에 "인민의 사회"를 형성할 능력이 있는 인민을 가리킨다. 다시 인민의 사회란 그 구성원들이 서로 간의 전쟁을 부인하고 정의에 대한 어떤 "익숙한 원칙과 전통적 원칙"에 의한 지배에 동의하는 그런 사회를 말한다. 다시 익숙한 원칙과 전통적 원칙이란 그 둘이 합쳐져서 "인민의 법"을 구성하는 것을 가리킨다. 그러나 이 원칙들 가운데 하나인 불간섭의 의무는 "불법국가 및 중대한 인권침해의 경우 문제가 된다. 이 원칙은 질서가 잘 잡힌 인민들에게는 적합할지 모르지만 전쟁과 심각한 인권침해가 잦은 질서 없는 인민들의 경우에는 적합하지 않다." 그래서 원칙상 "불법국가에 대한 간섭은 단지 불법국가가 인권을 침해한다는 한 가지 이유만으로 정당화된다."[17]

롤스는 입헌민주주의에 대한 자신의 규범론적 설명이 자유주의 국가들의 실제 행동과 일치하지 않을 수 있다는 점을 인정한다 : "민주적 평화는 상당한 정도의 불의, 과두적 경향, 독점적 이익 등을 드러내고 있는 현실의 민주주의, 종종 비밀리에 약소국들에 개입하기도 하고 심지어 민주주의 발전 정도가 뒤떨어진 국가들에도 개입하는 그런 현실의 민주주의와 양립 불가능하지 않다."[18] 그러나 『인민의 법』의 주된 취지는 철학적 규범과 정치적 현실 사이의 간격을 최소화하자는 것이다. 그래서 롤스는 자신이 제시한 "차이 원칙"을 개별 국가 수준을 넘어 전 세계 수준으로 확대 적용하는 것에 반대한다. 차이 원칙이란 가장 못 사는 사람들의 이익을 위한 불평등은 용인할 수 있다는 원칙을 말한다. 또한 롤스는 전 지구적 수준에서 상당한 재분배가 이루어지고 "부담국가"에 대한 원조 의무가 훨씬 더 줄어드는, 그런 내용의 정의 개념을 더 좋아한다.[19]

롤스는 모종의 역사적 경험으로부터 힘을 얻어 규범과 현실의 접근이 가능하다고 본 것 같다. 롤스가 중시하는 역사적 경험은 이런 것이다 : "주요 선진 민주주의 국가들 사이에 전쟁이 없었다는 사실은" 그가 보기에 "각국 인민들 사이에 단순한 경험적 규칙성 같은 것이 만들어졌다는 사실", 그리고 "제2차 세계대전 이후 주권의 힘에 대한 인식에 있어서 기본적인 변화, 역사적으로 중대한 변화가 이루어졌다는 사실"을 뜻한다.[20] 바로 이 지점에서 인민의 법이라는 롤스의 철학적 개념이 정치적 세계화에 대한 경험적 이론들과 만나게 된다.

정치적 세계화에 대한 경험적 이론들 가운데 체계적인 것이 데이비드 헬드(David Held), 안소니 맥그류(Anthony McGrew)와 그 동료들의 이론이다. 이 사람들은 1648년 베스트팔렌 조약을 통하여 성립된 오래된 주권국가 체계가 지금은 소위 "세계정치"로 대체되고 있다고 주장한다 :

> 국가의 주권과 자율성 같은 전통적 개념들은 지역적 · 세계적 질서의 변화과정에서 그 의미가 변화 혹은 재정의되고 있다. 더욱이 국가들은 앞에서 우리가 다자적인 통치라 부른 복잡하고 중첩적인 정치영역들 속에 갇히고 있다. 이리하여 국가적 주권과 자율성은 더 큰 통치의 틀 안에 자리 잡고 있는 것으로 간주된다. 이 더 큰 틀 안에서 주권과 자율성이라는 것은 정치적 권위의 행사에 관한 많은 원칙들 가운데 한 조의 원칙일 뿐이다. 베스트팔렌 식의 국가 주권 및 자율성 체제는 그 근본적인 타당성을 따질 때 매우 중대한 변화를 겪고 있다.[21]

좀더 구체적으로, "각국 정부는 일련의 세계적 · 지역적 · 다자적 통치체계 속에 갇혀 있다"는 것이다. "세계적 통치형태"는 UN, WTO, NATO, EU 같은 공식적으로 제도화된 국제적 · 지역적 협력체계를 포함한다. 또한 다음과 같은 것들의 비공식적 네트워크도 포함한다 : 다국적기업 ; "초국가적 사회운동 단체"와 비정부기구(NGO) ; 국제관계의 다양한 측면들을 규제하기 위해 만들어진 각종 국제 레짐 ; "인권법 … 전쟁법, 전쟁범죄와 인간에 대한 범죄에 관한 법, 환경법" 등과 같은 "세계법"의 구성요소들. 이러한 변화의 결과는 "정치적 권위의 탈영토화"라는 것이다. 비록 이 탈영토화의 정도와 의미가 적어도 부분적으로는 아직 결정되지 않은 상태라는 사실을 저자들도 인정하고 있지만,[22]

정치적 세계화가 제기하는 핵심 이슈는 이런 형태의 통치가 힘의 분포에 어떠한 영향을 미칠 것인가에 관한 것이다. 즉 세계적 통치라는 것이 주로 강대국들 간의 이익 충돌에 의해 규제되는 기존의 국제체계를 점진적으로 초월하게 될 것인가? 이 점에 대하여 의심을 가질 만한 이유는 많다. 헬드와 그 동료들은 19세기 후반 이후에 등장한 "원칙적으로 초국가적 과정을 촉진하는 예측 가능하고 질서 있는 행동"을 위한 "규제 레짐들"을 신나게 열거하고 있다.[23] 그러나 1914년까지의 기간에 등장한 국제전신연맹, 국제상업통계국, 국제측지협회 등과 같은 기구들이 당시의 국제체계가 양차대전 중의 그 전례 없는 야만성으로 퇴화하는 것을 막아주지는 못했다.

사실 헬드 등의 공저자들이 지적한 바와 같이 1945년 이후 국제기구들이 더욱 빠른 속도로 늘어났다. 냉전 종식으로 다자 간 협력이 더욱 활기를 띠게 된 것이 이러한 과정을 촉진하였다. 예를 들어 선진 산업국 협력기구인 G-7에 러시아가 정식 가입하였으며, GATT가 훨씬 더 강력하고 개입적인 WTO로 대체되었고, 1999년 1월 유로화 출범으로 최종적인 유럽 경제 · 통화 연합이 달성되었으며, 북미자유무역협정, 아시아태평양경제포럼과 같은 지역 단위의 협력기구가 등장하였고, UN이 많은 국가들에 대한 군사적 개입을 승인하였으며, NATO가 동 · 중부 유럽으로 확대되었다.

그러나 국제기구가 많이 생겼다는 사실이 "세계적 통치" 네트워크 안에 엄연히 남아 있는 실제의 힘 관계에 대하여 우리에게 말해주는 것은 아무 것도 없다. 헬드와 그 동료들이 "세계 민주주의"의 화신으로 환영해 마지않은 국제기구와 레짐은 대개 미국의 패권을 한층 더 제도화하는 데 기여한다. 공저자들이 말하는 패권은 기껏해야 헷갈리게 하는 것뿐이다. 이런 식이다 : "미국은 냉전 이후 세계적 패권국의 잠재력을 가지고 있지만 미국의 막강한 구조적 힘이 현 세계질서의 성격과 기능에 깊숙이 아로새겨져 있기 때문에 공공연히 세계제국이나 세계적 패권을 추구하는 척하는 것을 포기하였다."[24]

이런 모호한 주장에는 두 가지 의미가 있는 것 같다. 첫째, 미국은 과거 스페인, 프랑스, 영국 같은 강대국들이 사용했던 공식적 제국주의 기구들에 의존하지 않는다. 이것은 맞는 말이다. 1989년 이후에만 그런 것이 아니라 제2차 세계대전 이후 전 기간 그러하다. 둘째, 현존 세계질서가 구조적으로 미국에게 유리하게 되어 있으므로 그러한 기구들이 필요하지 않다. 이 역시 맞는 말이다. 단, 이 말은 미국이 이름으로 그런 것은 아니지만 실제로는 세계적 패권국이라는 사실을 의미한다. 그러나 이 부분은 이어지는 문단의 내용과 상충된다. 이 문단은 정치적 세계화가 전 세계 수준에서 진정한 힘의 분산을 보여줄 것이라는, 이미 널리 퍼져 있는 그런 희망을 담고 있다는 점에서 인용할 가치가 있다 :

> 경제적 세계화의 심화는 예컨대 WTO 같은 기구를 통한 경제적 감시의 심화, 감독 규제 활동의 강화와 더불어 진행되어 왔다. 각국 경제에 대한 탈규제 조치는 전 세계 수준에서의 새로운 규제와 동시에 진행되어 왔다. 그러나 이러한 변화는 미국 경제의 절정기가 아니라 상대적 하강기일 때 탄력을 받았다. 이런 맥락에서 볼 때 현 시기는 세계화의 속도가 어떤 단일의 패권국이나 패권국 집단의 성쇠에 별 영향을 받지 않는다는 의미에서 과거와 다르다 … 현 시기 경제적 세계화의 패턴은—다자적 규제 통제 구조라는 맥락에서—자율적 조직과 시장주도 조절을 향해 나아가는 누적적인 경향을 보이고 있다. 대개 자율적 조직과 시장주도 조절은 위기 시에만 패권국의 공공연한 정치적 지침을 받아들인다.[25]

그래서 미국은 쇠퇴하는 강대국이거나 아니면 위기 시에만 힘을 행사하고 평상시에는 "세계적 패권국의 잠재력"을 고상하게 부인하는 강대국이다. 이 말 역시 아무리 좋게 보아도 명료하다고 하기는 어려운 말이다. 헬드와 그 동료들은 자신들의 주장을 뒷받침하기 위하여 로버트 코헤인(Robert O. Keohane)의 책 『패권 이후』(*After Hegemony*)를 거론한다. 이 책은 국제관계를 다루는 학자들이 말하는 패권안정 이론의 한계를 탐색한 책이다. 패권안정 이론이란 (1) "대개 세계정치에 질서를 만드는 것은 단일한 지배적 국가이다", (2) "질서의 유지를 위해서는 패권이 계속 필요하다"라고 주장하는 이론이다.[26]

코헤인이 주된 준거로 삼은 것은 국제관계론의 현실주의 전통을 탁월하게 재정립한 케네스 왈츠(Kenneth Waltz)이다. 현실주의는 국가를 이기적인 합리적 행위자로 간주하고, 세계정치는 이런 국가들의 경쟁구조의 산물이라 설명한다.[27] 이런 국제체계는 무정부적 성격을 지니게 되지만, 그럼에도 불구하고 이 체계는 개별 국가들이 경제력 및 군사력의 분포 상태를 변화시키는 것이 자국에게 유리하다고 판단하여 체계의 변형을 시도하지 않는 한 고도의 안정성을 보일 것이라 한다. 개별 국가들이 그런 시도를 한다면 체계의 불균형이 초래되는데, 이런 경우 전체 국제구조의 변경을 위한 "패권전쟁"을 통하여 그 불균형이 해소된다.[28]

이 이론의 관점에서 보면 20세기 말은 위험한 시기였다. 아무리 늦게 잡아도 1970년대 시점에 이르러 미국의 패권은 기울었던 것으로 보인다. 군사 면에서 볼 때, 소련이 핵무기와 재래식 무기를 가지고서 그 힘을 전 지구적으로 투입할 수 있는 능력을 갖추었다. 경제 면에서 볼 때, 미국은 일본이나 독일에 비해 상대적으로 하향

세를 보였다. 1930년대 대공황에 대한 찰스 킨들버거(Charles Kindleberger)의 설명이 옳다면 이런 상황은 대단히 위험한 상황이다. 킨들버거에 의하면, 대공황은 공공재를 공급하는 패권국이 존재하지 않았다는 사실을 반영하는 것이었다. 특히 세계경제의 안정성을 좌우하는 금융시장이 패닉 상태를 보였는데, 이런 금융시장을 안정화하는 데 필요한 유동성 같은 공공재를 제공하는 패권국이 없었다는 것이다. 즉 영국은 더 이상 그런 역할을 할 수 있는 처지에 있지 않았고, 미국은 그런 의지를 갖고 있지 않았다. 1960년대 말 세계 금융질서의 혼란을 보면 역사는 스스로 반복하는 것처럼 보인다.[29]

코헤인은 이런 진단에 동의하지 않는다. 미국의 쇠퇴에도 불구하고 금융, 석유, 무역 등에 관계하는 다양한 국제 경제 레짐들이 비교적 안정성을 보였다는 것이다. 패권국이 그런 레짐의 창설을 주도했는지는 모르지만 일단 창설된 다음에는 레짐 스스로 굴러가는 특성이 생긴다. 개별 국가들은 강요받지 않더라도 제도화된 국제협력에 동참하는 것이 자국에 유리하다고 판단할 수 있다. 국제 레짐이 예컨대 불확실성과 거래비용을 줄여준다거나 하는 다양한 혜택을 주기 때문이다. 이렇게 본다면 패권은 국제적 안정성의 필요조건이 아니다. 또한 왈츠가 활용한 일종의 합리적 선택 이론 같은 것을 뛰어넘을 필요가 있다고 볼 수 있다. 제도는 그 구성단위들의 이기적 계산으로 환원되지 않는 그 자체의 힘을 가진다. 따라서 "현실주의와 제도주의의 합명제가 필요하다"는 것이다.[30]

코헤인의 분석은 이론적으로 더 엄격하고 경험적 근거도 풍부한 것이다. 그러나 한 가지 명백한 결점을 가지고 있다. 즉 사실관계에서 틀린 전제에 의존하고 있다. 미국의 패권이 기울고 있다는 루머들은 상당 부분 과장되었다. 1960년대와 1970년대에 미국의 국력이 상대적 쇠퇴를 보였다는 것은 사실이지만, 그 사실로부터 도출한 것들은 신뢰할 수 없는 것들로 드러났다. 미국의 쇠퇴가 어느 정도인가, 그리고 그 한계가 무엇인가 하는 것을 제대로 이해하기 위해서는 1945년 이래 국제체계의 전체 역사를 돌아볼 필요가 있다. 이 역사를 이해하기 위한 가장 좋은 이론적 틀은 제1차 세계대전 기간 중에 니콜라이 부하린(Nikolai Bukharin)이 만든 것이 아닌가 싶다. 부하린은 현대 제국주의를 두 개의 근본적인, 부분적으로 모순적인 경향으로 특징짓는다. 하나는 자본의 세계적 통합 경향이고, 다른 하나는 국제체계 내 경제적 경쟁과 지정학적 경쟁의 뒤얽힘 경향이다.[31]

1945년부터 1990년까지 세계정치는 두 개의 경쟁적 초강대국 진영으로 전 세계가 효과적으로 분할된 그런 양극구조를 가진 것이었다. 서방에서는 미국의 정치적 · 군사적 · 경제적 지도력 하에 선진 자본주의 국가들의 통합이 이루어졌다. 코헤인의 말을 빌리면, "미국 군사력의 보호 아래 미국이 승인하는 다자적 규칙과 실행규칙에 기초하여 미국이 자유주의적 자본주의 세계 정치경제를 구축한 것"이다.[32] IMF, GATT 등을 통칭하는 소위 "브레튼 우즈 체제"(Bretton Woods System)의 구축과 NATO 군사동맹의 체결 같은 것이 그렇게 해서 이루어졌다.

사정이 이렇게 되자 그 결과의 하나로 경제적 경쟁과 지정학적 경쟁이 부분적으로 분리되었다. 1870-1945년 기간의 고전적 제국주의 시대에는 경제적 경쟁과 정치군사적 경쟁이 상호 보강작용을 하는 경향이 있었다. 양차대전 기간에는 경제적 팽창과 군사적 팽창을 떠받치기 위한 자원에 대한 접근이 중요한 전략적 고려사항이었다. 특히 독일과 일본처럼 기존 국제구조에 도전하는 국가들의 경우 더욱 그러했다. 이런 사정이 1945년 이후 바뀌었다. 양차대전에서 서로 적대국이었던 국가들이 러시아와 중국을 제외하면 모두 미국 지도 하에 하나의 정치 · 군사 블록으로 통합되었다. 브레튼우즈 체제의 틀 안에서 이 국가들은 세계대전의 원인으로 작용하였던 지정학적 긴장을 조성하지 않으면서 경제적 경쟁을 할 수 있게 되었다.

바로 이런 상황을 배경으로 해서 미국 기업의 경쟁력이 독일과 일본 기업들에 비해 떨어지기 시작하였다. 세계 자본주의의 "황금시대"로 과장된 1950년대와 1960년대의 장기호황 시대에도 미국 경제의 성장 속도는 유럽 대륙과 일본에 비해 크게 뒤졌다.[33] 1960년대 중반 이래 미국 경제의 상대적 쇠퇴가 두드러졌고, 그 증세는 금융 불안과 국제 경쟁 심화로 나타났다. 그러나 예를 들어 1971년 8월 닉슨 대통령이 달러 평가절하의 전주곡으로 금본위제도 폐지를 선언함으로써 발생한 것과 같은 서방 선진국들 간의 정치적 긴장이 고조되었음에도 불구하고 미국의 지도적 위치는 흔들리지 않았다.[34]

1960년대와 1970년대에 있었던 국제적 경제 분쟁 경험을 근거로 많은 논객들은 미국 패권의 종언을 선언하기에 이르렀다. 그러나 1980년대는 이와 아주 다른 결과를 낳았다. 우선, 무자비한 경제적 구조조정 덕분에 미국 기업들은 일본과 유럽의 경쟁자들보다 더 빠른 속도로 경쟁력을 높일 수 있었다.[35] 둘째, 소련이 장기적인 경제적 · 정치적 위기로 접어들었고, 결국 이 때문에 소련과 동유럽 및 중유럽 위성국들이 붕괴되었다. 그 결과 미국은 전 세계를 압도하는 지배적인 군사강국으로 떠올랐다. 1996년 시점에 이르러 미국의 국방예산은 러시아, 일본, 프랑스, 독일, 영국, 중국의 국방예산을 합친 것보다 약간 많은 수준을 보였다.[36]

그래서 조셉 나이(Joseph Nye)는 냉전 종식으로 미국이 전통적 힘의 자원(천연자원, 군대, 경제 및 기술)뿐만 아니라 미국 문화가 지닌 세계적 영향력에서 나오는 "부드러운 힘"까지 장악하고 있다는 점에서 다른 국가들을 한참 뒤로 따돌리는 지도적 강대국이 되었다고 주장한다.[37] 그러나 일대 전환기가 되었던 1989-1991년 시기가 바로 미국 패권에 대한 잠재적 위협의 시기였다는 사실을 지적할 필요가 있다. 이미 경제적 경쟁이 서방진영의 해체 경향을 낳는 압력으로 작용하기 시작하였다. 냉전 종식이 이러한 과정을 더욱 촉진하는 위협이 되었던 것이다.

1970년대 말과 1980년대 초의 소위 2차 냉전 시기에 미국은 소련의 군사적 위협이 더 커졌다는 구실을 내세워 유럽에서의 정치적 주도권을 더욱 강화하고자 하였다. 그러나 소련이 해체되자 일본과 독일 같은 미국의 동맹국 겸 경쟁자들을 제자리에 묶어두는 데 사용하였던 지정학적 제약 같은 것이 없어지게 되었다. 특히 통일된 독일은 세계무대에서 자기 목소리를 내기 시작하였다. 예를 들어 1990년 7월 헬무트 콜 수상은 NATO 회원국 지위 문제를 러시아와 쌍무 협상으로 해결해 버리고 미국에 대해서는 이를 기정사실로 밀어붙였으며, 1991년 12월 한스-디트리히 겐셔 외상은 슬로베니아와 크로아티아를 독립국으로 승인하는 내용의 유럽공동체 결정을 관철시킴으로써 유고슬라비아를 한데 묶어두려는 부시 행정부의 노력에 제동을 걸었다.

미국의 주도적 정치군사적 역할을 재확인하기 위해서는 종합적이고 지속적인 노력이 필요하다. 1991년 걸프 전쟁은 독일과 일본에게 자기네 석유 공급지의 안전이 궁극적으로 미국의 군사력에 달려 있다는 사실을 일깨워 줄 수 있는 기회가 되었다. 쿠웨이트로부터 이라크군을 몰아내기 위한 목적으로 UN이 승인한 연합군은 미국 주도권을 정당화하고 또 실현시켜 주는 다자협력체의 가능성을 보여주었다. 때로는 임시방편적 노력도 있었다. 예를 들어 1994년 금융위기를 겪은 멕시코를 돕기 위한 G-7의 구조 대책 중에는 아주 매력적인 "신흥시장"이라 성급한 판단을 내려 투자했다가 피해를 본 미국 투자자들의 피해보상을 위하여 (마지못해서이지만) 독일과 일본이 거액을 지불한다는 내용이 포함되었다.

미국 지도력의 재강화에 기여한 요인들은 많다. 1990년대 동안 일본은 1930년대 이래 선진국들이 겪은 것 가운데 가장 심각하고 장기적인 경제침체를 겪었다. 비슷한 시기에 독일도 장기적 경제침체를 겪었다. 이와는 달리 미국 경제는 붐을 누렸는데, 이 사실을 놓고서 많은 사람들은 앵글로-색슨 자유시장 자본주의의 우월성이라 해석하였다. EU는 1991년 마스트리히트 조약으로 강화되었지만 그럼에도 불구하고 유고슬라비아의 해체에 제대로 대처할 수 없었다. 보스니아 전쟁을 끝내는 데는 미국의 군사력과 정치적 지도력이 필요했다. 이 사건은 나중에 코소보 위기 시 선례가 되었다. 1990년대 말에 이르렀을 때 과거 지미 카터 대통령의 안보담당 보좌관을 지냈고 NATO 확장의 기안자 중 한 사람이었던 브레진스키는 다음과 같이 말할 수 있게 되었다 : "잔인한 현실은 서유럽이, 그리고 조금씩 중유럽까지도 미국의 보호령으로 되었으며, 개별 동맹국들은 고대의 봉건영지나 속국 처지에 놓여 있다는 것이다."[38]

NATO 확장은 미국의 야심이 얼마나 큰가를 반영한 것이다. NATO 확장은 곧 방어적인 서유럽 군사동맹을 유라시아 대륙 전체를 대상으로 하는 지정학적 동맹으로 전환한다는 것을 의미한다. 폴란드, 헝가리, 체코공화국을 포함시킴으로써 NATO는 구소련 국경까지 나아갔다. "평화의 동반자" 합의를 통하여 후보 회원국 지위에 오른 국가들 중에는 중앙아시아 지역의 구소련 구성 공화국들도 많다. 중앙아시아 지역에 대한 미국의 관심이 얼마나 큰가 하는 것은 1999년 4월의 NATO 50주년 기념식장에 GUUAM이라 불리는 5개 구소련 공화국[그루지아(Georgia), 우크라이나(Ukraine), 우즈베키스탄(Uzbekistan), 아제르바이잔(Azerbaijan), 몰도바(Moldova)] 대표가 참석한 사실에서 잘 드러난다.

NATO의 확장은 다음의 세 가지 전략적 목적에 기여한다. 첫째, 그것은 냉전 기간 미국이 달성할 수 있었던 것보다 훨씬 더 효과적인 러시아 포위를 가능케 해준다. 우크라이나가 독립한 것은 유럽 세력으로서 러시아의 능력에 심각한 타격을 준 사건이며, 이로써 우크라이나는 매우 중요한 지위를 얻게 되었다. 브레진스키가 말했듯이 "우크라이나가 없다면 러시아는 더 이상 유라시아 제국이 아니다."[39] 그래서 미국은 우크라이나에 특별한 주의를 기울인다. 예를 들어 좋은 조건의 원조를 준다거나 2000년 3월 NATO의 최고결정기구인 북대서양위원회 회의를 키예프에서 개최하는 식이다.[40]

둘째, NATO 확장은 서방 강대국 모두와 특히 미국에게 석유와 천연가스 매장량이 풍부하고 또 러시아와 중국 사이 전략적 요충에 위치하고 있는 카스피 해 지역에 대한 접근권을 보장해 줄 수 있다.

셋째, NATO는 대개 인도적 명분을 내세워 "역외(域外)" 작전까지 할 수 있도록 그 작전 범위를 넓게 설정한 새로운 "전략 개념"을 가지고 있는데, 이 전략 개념은 미국이 필요한 경우 주도적 역할을 맡는 서방의 군사적 개입을 정당화한다. 앞의 1절에서 지적한 바 있지만, 코소보 전쟁은 그러한 작전의 시범 케이스였다. 특히 이 작전은 러시아와 중국이 거부권을 가지고 있는 UN 안전보장이사회의 승인 없이 NATO가 일방적으로 군사적 개입을 감행한 선례가 되고 있다.[41]

이와 같은 NATO 확장을 감안하면 오늘날의 세계화가 진정한 "다자적 규제 및 통제구조"가 지배하는 방향으로 진행되고 있다는 헬드와 그 동료들이 믿음은 의문의 대상이 아닐 수 없다. 이 사람들은 경제적 규제의 형태에만 집착하고 있다(사실 "군사적 세계화"에 대한 이 사람들의 논의도 변화하는 지정학적 경쟁의 형태보다는 무역과 생산의 패턴이라고 하는 경제적 측면에 초점을 맞추고 있다[42]). 그러나 심지어 경제적 규제 분야에서도 진정한 다자주의 같은 것은 찾아보기 어렵다.

IMF와 세계은행이 민영화, 탈규제, 자유화 등에 관한 "워싱턴 합의"를 제3세계와 구스탈린주의 국가들에게 강요하는 것은 이 기구들이 미국 재무부와 긴밀하게 연결되어 있음을 잘 보여준다. 1997-1998년의 아시아 금융위기 당시 IMF가 한국, 태국, 인도네시아에게 긴축 조치를 부과한 바 있는데(인도네시아의 경우 이로 인하여 민중봉기가 일어나기도 했다.), 그 당시 IMF의 관리국장 미셸 캉드쉬

(Michel Camdessus)는 다음과 같이 선언하였다 : "지금 우리가 하고 있는 일은 미국 세계 외교의 기본목적과 일치한다."[43] 곧이어 클린턴 행정부는 아시아 금융위기를 다루기 위한 "아시아통화기금"을 설립하자고 하는 일본 정부의 제안을 성공적으로 봉쇄하였다. 아시아통화기금 같은 새 기구가 설립되었다면 IMF가 노리는 중요한 목표가 차질을 빚었을지도 모른다. IMF의 목표는 현지 자본과 국가 간의 긴밀한 연계라는 특징을 지닌, 민족국가 단위로 조직된 동아시아 경제를 개방시키고 이를 통하여 다국적 투자를 용이하게 만든다는 것이다.[44]

헬드와 그 동료들은 WTO를 "국제적 규제활동 강화"의 예로 꼽는다. 그건 맞다. 그러나 누구의 이익을 위한 것인가? WTO의 주된 기능은 다음의 두 가지로 볼 수 있다. 첫째, 주요 무역 대국들—농산물 수출국 그룹인 케언스 그룹과 함께 흔히 말하는 "4인방", 즉 미국, EU, 일본, 캐나다 등—상호 간의 무역 분쟁을 해소하기 위한 장치로서 GATT보다 더 효과적인 포럼을 제공하는 것이다. 둘째, 워싱턴 합의에 부합하는 결정사항들을 집행하기 위한 것으로서 훨씬 더 엄격한 강제집행 장치를 제공하는 것이다. 가끔은 분쟁위원회가 미국 측 패소 판정을 내리기도 하지만, WTO의 전반적 작동 방식은 앵글로-색슨 자유시장 모델에 압도적으로 유리한 편파적 방식이다.[45] 간혹 이 편파성은 거칠게 표현되기도 한다. 1999년 12월 시애틀에서 개최된 WTO 총회가 무산된 것은 회의장 밖의 대규모 시위도 작용하였지만, 소위 "그린 룸"에서 서방 선진국 대표들이 따로 모여서 사적으로 합의한 사항을 미국 무역대표 찰린 바셰프스키가 남측 대표들에게 기정사실로 밀어붙이는 오만을 보인 것

도 작용한 결과이다.[46]

내가 이상의 논의를 전개한 것은 전문화된 다양한 국제기구와 NGO들이 비교적 이해관계에 치우치지 않으면서 중요한 역할을 하고 있다는 사실을 부인하고자 하는 의도에서 한 것이 아니다. 그리고 다음 절에서 다루겠지만 기존의 세계질서를 워싱턴의 도구에 불과한 것으로 간주할 수 있는 것도 아니다. 그러나 UN 자체도 포함해서 IMF와 세계은행, WTO, NATO 등 주도적인 국제기구들의 현재 기능은 앞에서 내가 간략히 묘사한 미국 힘의 재강화라는 맥락에서만 올바로 이해할 수 있는 것이다. 과거 냉전 시절 소련의 요청으로 '유럽안보협력기구' (Organization for Security and Co-operation in Europe)가 설립되었는데, 이 기구는 유럽 범위를 넘어선 문제들까지 다루는 협상기구이다. 1990년대 말에 이 기구가 미국의 발칸 정책을 위한 도구로 전락한 것은 미국 힘의 재강화를 위하여 국제기구가 어떠한 기능을 수행하는가를 가장 잘 보여주는 상징적인 사례이다.[47] 정치적 세계화의 이론가들이 그러듯이 이런 문제를 그냥 무시하는 것은 간단히 말해서 유치한 짓일 뿐이다.

3.3 제국들의 충돌

얼마 전에 브레진스키는 21세기 '미국의 대전략'이라 할 만한 것을 정식화하고자 하였다. 이 사람은 미사여구를 남용하는 완곡어법을 경멸하면서 "세계적 통치"의 현실을 다음과 같이 솔직하게 그

리고 있다 :

> 경쟁자의 붕괴로 미국은 독특한 지위를 갖게 되었다. 이제 미국은 최고인 동시에 유일한 세계적 강대국이 된 것이다. 그러나 미국의 세계적 우월성은 몇 가지 방식으로 과거의 제국들—이 제국들의 판도는 지역 수준에 국한되었지만—을 연상하게 만든다. 과거 제국들의 힘의 기반은 봉건영지, 속국, 보호령, 식민지 등 일반적으로 오랑캐로 간주되는 외곽 영토들의 위계질서였다. 오랑캐라는 시대착오적인 용어를 오늘날 미국 외곽의 일부 국가들에게 적용한다 해도 그것이 전적으로 부적절하다고 말하기는 어렵다.[48]

브레진스키가 볼 때 미국의 우월성은 단순히 워싱턴의 수중에 들어간 자원의 크기와 관계된 문제가 아니라, 세계의 가장 생산적인 3개 지역 가운데 2개 지역이고, 동시에 세계의 7대 군사 강국 가운데 6개국이 자리 잡고 있는 유라시아 대륙 전체에 대한 미국의 지배 능력과 관계된 문제이다. 미국 패권에 대한 주된 위협은 서방에 대항하기 위한 러시아-중국 동맹의 가능성, 그리고 소위 "유라시아 발칸" 지역의 불안정성 이 두 가지에서 나온다. (유라시아 발칸이란 실제의 발칸에서 중동을 거쳐 중앙아시아에 이르는 지역을 가리킨다. 이 지역은 유라시아 대륙의 서부와 동부를 가르는 지역이고 또 불원간 서방의 주된 에너지 공급원이 될 지역이다.) 브레진스키는 이런 위협과 기타 위협에 대처하기 위한 미국의 능력에 결정적인 역할을 하는 것이 EU라고 주장한다 :

> 유럽은 유라시아 대륙에 있는 미국의 지정학적 교두보이다. 미국이

> 유럽에 걸고 있는 지리전략적 이익은 지대하다 … 대서양동맹은 유라시아 대륙에 대한 미국의 정치적 영향력과 군사력을 보호하는 참호 구실을 한다. 이런 단계에 이른 미-유럽 관계를 감안하면, 그리고 유럽 측 동맹국들의 안보가 여전히 미국의 보호에 크게 의존하고 있다는 현실을 감안하면, 유럽의 영역이 확대된다는 것은 자동적으로 직접적인 미국 영향력의 영역이 확대된다는 것을 의미한다. 거꾸로 대서양동맹이 없다면 유라시아에서의 미국의 우월성은 급속히 약화될 것이다. 즉 대서양에 대한 미국의 통제력과 유라시아 깊숙이 영향력과 군사력을 투입하는 능력이 심각하게 제한될 것이다.[49]

그러므로 브레진스키가 볼 때 유럽 국제기구들의 팽창, 특히 EU와 NATO 같은 기구들의 팽창은 곧 미국 영향력의 팽창이며, 또 이미 살펴보았듯이 경쟁자로서 러시아의 힘을 봉쇄하는 수단이 된다. 그러나 이것은 더 큰 "지리전략", 즉 분할통치(divide-and-rule)라는 고전적인 제국주의 방법을 사용하는 동시에 워싱턴이 지휘하는 국제체계에 대한 잠재적 도전을 봉쇄하도록 설계된 동맹국-동반자 관계 네트워크를 사용하여 미국의 패권을 유지하기 위한 그런 대전략의 한 부분일 뿐이다 :

> 단기적으로 볼 때, 현재 유라시아 지도에 그려진 지정학적 다원주의를 강화하고 지속시키는 것이 미국에게 이익이 된다. 그렇게 하는 것이 궁극적으로 미국의 우월성에 도전할지 모르는 어떤 적대적 동맹의 등장을 방지하기 위한—어느 특정 국가 일국이 그렇게 할 아주 희박한 가능성을 봉쇄하는 것은 말할 필요도 없고—미국의 운신과 기동의 폭을 넓히는 것이다. 중기적으로 볼 때(향후 20년 정도), 이러한 국면은 미국 주도 하에 더 협력적인 범유라시아 안보체계의 형성을 도와줄 더 중요한, 그러나 전략적

> 으로 협력적인 동반자들의 등장을 강조하는 방향으로 바뀔 것이다. 장기적으로 볼 때, 다시 이 국면은 진정으로 공유된 정치적 책임의 세계적 중심을 강조하는 국면으로 바뀔 것이다.[50]

미국의 우월성을 진정으로 다자적인 장치—비록 강대국들 사이에서만 다자적인 것이 할지라도—로 대체하는 것은 지금으로서는 자세히 그려내기 어려운 먼 훗날로 연기된다. 브레진스키는 서방의 정부나 보좌관들이 국제정치에 대해서 언급할 때 흔히 사용하는 위선적인 말투를 전혀 사용하지 않는다. 마틴 와이트(Martin Wight)는 "어떤 입장의 근본적 모호성"이라는 것을 다음과 같이 묘사한다 : "1919년 이후 서방 강대국들이 보인 모호한 입장인데, 강도로서 성공적 경력을 쌓은 후 가끔 치안재판에도 얼굴을 내비치는 대지주로 정착하려고 노력하는 사람의 태도 같은 것이다."[51] 이런 표현은 위선이라 표현하는 것보다 좀더 자비로운 것이다. 어떻든 적어도 브레진스키는 그런 것과 거리가 먼 사람이다. 이밖에 브레진스키의 분석은 다음의 두 가지 장점을 가지고 있다. 첫째, 브레진스키는 어떤 면에서 국제기구의 강화가 미국 패권에 반드시 위협이 되는 것은 아니며, 오히려 미국 패권을 강화시켜 주는 것이라는 점을 강조한다. 둘째, 브레진스키는 미국 패권이 자동적으로 이루어진 것이라는 점, 그러나 그것을 유지하기 위해서는 특히 "현재 유라시아 지도에 그려진 지정학적 다원주의"를 지속시키기는 데 초점을 맞춘, 즉 잠재적 도전자들을 분열 상태로 놓아두고 그리하여 그 힘을 약화하는 데 초점을 맞춘 종합적인 노력이 있어야 한다는 점을 강조한다.

이 가운데 두 번째 논점은 "패권"이라는 용어의 모호함에 주의를 기울이게 만든다. 패권이란 고대 제국의 통치자들이 행사한—적어도 이론상으로는 그렇게 한 것으로 되어 있다—절대적인 정치적 지배 같은 것으로 해석할 수 있다.[52] 다른 한편으로 이보다 훨씬 더 상대적인 용어로 패권을 이해할 수도 있는데, 이것이 더 유용하다. 즉 다른 국가들이 패권국의 주도권을 방해하거나 좌절시킬 수 있는 능력, 경우에 따라서 모두 힘을 합쳐 정면 도전을 감행할 능력을 가지고 있는 그런 국제체계 안에서 가장 강력한 국가가 자국의 목적을 달성하기 위하여 강제, 설득, 매수, 동맹체결, 경제기구 같은 비인격적 기구 등 다양한 방법을 동원하는 상황, 이런 상황과 관련하여 패권 개념을 이해하는 것이다.[53] 이렇게 이해하면 왜 워싱턴이 다자적 기구에 의존하는지를 설명하는 데 도움이 된다. 즉 G-7, IMF, WTO, NATO 등과 같은 기구들은 미국으로 하여금 서방 강대국들의 지지와 자원을 자국 주도 하에 동원할 수 있게끔 해준다. 또한 그런 기구들은 선진 자본주의 국가들 상호 간에 발생하는 이익 충돌을 비교적 분열적이지 않은 방식으로 해결할 수 있는 협상의 장을 제공해 준다.

이런 식의 논리는 엄연히 미국 패권이 존재함에도 불구하고 다른 모든 강대국들이 미국의 "초제국주의" 아래 납죽 엎드려 있는 세계, 그런 세계에 우리가 살고 있는 것은 아니라는 사실을 강조한다는 점에서 매우 중요하다. 페리 앤더슨에 의하면 코소보 전쟁은 미국이 그 잠재적 도전자들을 멀찌감치 떼어놓을 수 있다는 사실을 잘 보여준 사건이다. 당시 러시아는 "상징적인 보조자" 신세로 전락하였고, 중국은 "그 어느 것도 워싱턴과의 좋은 관계를 교란할 수 없다"는 논리로 벨그라드 주재 중국대사관 폭격 사건에 눈을 감고 말았다.[54] 이처럼 클린턴 행정부가 단기적으로 중국과 러시아를 중립화하고 또 밀로셰비치를 설득하여 서방 측 해결책에 동의하도록 만드는 데 러시아를 이용할 수 있었던 것은 사실이다. 그러나 이 전쟁의 장기적 결과는 중국과 러시아, 그리고 다른 국가들이 미국의 힘을 봉쇄하기 위한 동맹을 결성하는 것으로 나타날 것 같다.

그래서 국제안보 분야의 컨설팅 전문회사인 스트랫포(Stratfor, Strategic Forecasting, Inc.의 약자[역자주])는 다음과 같이 주장한다 :

> 서방이 1998년 12월에 이라크 폭격을 결정한 것과 그 이후 코소보 전쟁을 감행한 것은 둘 다 러시아의 바람을 정면으로 거스른 것으로서 러시아의 정책에 혁명적인 변화를 가져 왔다. 러시아 사람들은 이 두 가지 행동이 러시아를 3류 국가로 만들고자 하는 미국의 의도에서 나온 것이라 확신하였다. 러시아의 바람에 대한 워싱턴의 철저한 무관심 때문에 러시아의 국가 안보공동체는 미국에 대한 제어수단이 없으면 다른 어떠한 견인력도 갖지 못하게 될 것이라는 사실을 확신하게 되었다. 1998년 8월의 금융위기로 서방과의 경제관계가 완전히 무너져 버렸기 때문에 러시아로서는 더 이상 잃을 것이 없다고 느꼈다.[55]

확실히 블라디미르 푸틴이 이끄는 러시아의 정책은—특히 핵 선제 불사용 약속을 철회하고 "패권적" 강국에 대항하기 위한 전략 독트린을 채택한 것은—러시아가 미국에 대하여 더욱 적대적인 자세를 취하고 있다는 사실을 보여준다. 그리고 중국의 급속한 무기증강은 지역적 강국, 나아가 세계적 강국 지위를 주장하고 실지(失地) 타이완을 회복하기 위한 북경의 열망을 반영한 것이지만 미국과의 잠재적 갈등의 여지를 보여주는 것이기도 하다. 《파이낸셜타임즈》지는 중국이 무력으로 타이완을 수복할 수 있는 능력이 어느 정도인가를 평가한 국방부의 한 보고서를 "장래 중국과 미국 간의 군사적 경쟁 가능성을 묘사한 근년에 몇 안 되는 미국 정부 문서 가운데 하나"라 한다.[56] 미국도 가만히 있지는 않았다. 탈냉전 시대 국방부가 유지해 온 군사력의 규모는 '미국의 정책결정자들이 러시아와 중국을 동시에 상대하는 전쟁에 대비하는 것이 필요하다고 믿었다' 라고 추정하지 않으면 납득하기 어려운 규모이다.[57]

스트랫포는 브레진스키가 세계정치를 조망할 때 활용한 것과 같은 종류의 현실주의적 분석을 활용하면서 현재의 국제정치 상황을 지난 500년간 "불변하는 강대국 경쟁 패턴"이라는 시각에서 보고 있다 :

> 지난 10년이 역사의 종말을 보여준 것은 아니다. 지난 10년은 과거 수없이 많았던 공백기 같은 것일 뿐이다. 어느 한 강대국 혹은 동맹의 승리가 너무나 완벽한 것이어서 그 힘에 대한 도전은 상상도 하기 어려운 상황, 그런 뜻에서의 공백기 같은 것이다. 소련에 대한 미국의 승리가 너무나 충격적이고 예상 밖이며 또 절대적인 것이어서 미국의 가치가 바로 전 세계의 가치이고 미국의 힘이 절대적인 것으로 된 듯이 보였다. 그러나 그 어느 가치도 세계적 가치는 아니며, 그 어느 국가의 힘도 아무리 크다 해도 절대적인 것은 아니다 … 국가들 사이의 게임은 아직 끝나지 않았다.[58]

스트랫포는 새로 등장하고 있는 국제구조를 "미국, 러시아, 중국 3자 간의 게임"으로 묘사한다. 이것은 "신냉전"과 동일한 것이 아니다.[59] 냉전은 세계가 대다수 중요한 국가들을 구성원으로 하는 두 개의 적대적 진영으로 분리된, 그런 양극화 상태를 가리킨다. 미국과 그 도전국가인 러시아와 중국 양측 간의 엄청난 경제력 및 군사력 격차를 감안하면 지금 그런 양극화가 가능할 것 같지는 않다. 이보다는 "미국의 주의를 끌고 또 워싱턴의 정책을 우호적인 것으로 변경시키는 데 충분한 정도의 위협"을 가하는 방식으로 "미국을 견제하도록 설계된 연합의 구축" 같은 것이 더 개연성이 크다.[60]

이 결과는 매우 유동적인 상황으로 나타날 것이다. 미국의 압도적 지위 덕분에 워싱턴은 많은 문제들에 대하여 계속 무관심할 것이고, 바로 이것 때문에 2급 강대국들은 영향력 증대를 위하여 동맹관계를 바꿀지 모른다. 1950년대 이후 프랑스의 복합적인 외교정책, 즉 서방진영에 남아 있으면서도 미국의 힘을 상쇄시키기 위하여 유럽통합, 신식민주의 아프리카 제국(帝國), 스탈린 이후 소련과의 쌍무적 관계 등 다양한 책략을 동원하는 그런 정책이 다른 국가들에게 일종의 모델 역할을 할 것 같다 :

> 2급 강대국들은 그 자체로서 이미 강대국들이다 … 그런 국가 중에서 어느 한 국가가 그렇게 하기로 선택하기만 한다면 오직 미국에만 뒤지는 1급 강대국으로 부상할 수 있다. 이것이 의미하는 것은 새 시대가 성숙함에 따라 3자 게임의 참가자 수가 빠른 속도로 늘어날 수 있다는 것이다. 새로운 참가자는 엉뚱한 곳에서 나올 수도 있다. 예를 들어 인도와 터키가 세월이 지나면 새로운 참가자로 부상할 수 있다. 중요한 것은 3자 게임의 구조가 2급 강대국들에게 프랑스를 흉내낼 동기를 부여한다는 점, 그리고 그렇게 하는 과정에서 그런 국가가 강대국 서열에서 상승할 가능성이 높아진다는 점이다.

> 이런 과정이 더 불안정한 세계를 낳을지도 모른다. 더 복잡한 세계가 될 것이라는 것은 확실하다.[61]

브레진스키가 유라시아 대륙을 장기판으로 부르고 그 위에서 워싱턴이 대전략을 위해 말들을 이리저리 옮긴다고 묘사했듯이 스트랫포 역시 세계정치의 구조를 게임으로 묘사한다. 이런 비유는 현실주의자들이 지정학적 경쟁과정을 분석할 때 드러내는 그들 특유의 도덕적 무관심을 보여준다. 그 사람들이 그리는 지정학적 경쟁은 가장 좋게 말할 경우 다른 용도에 쓰였으면 더 좋았을 막대한 자원을 군사 부문에 낭비하는 것, 가장 나쁘게 말하면 강대국 간 갈등의 희생자들이 당하는 끔찍한 집단학살과 고통, 이런 것이다. 현실주의가 지닌 분석상의 결함도 널리 알려져 있다. 즉 현실주의는 국제체계의—현실주의가 그 논리를 탐구하는 그런 국제체계의—역사적 특수성을 인정하지 않는다, 국가 간 갈등의 세계 자본주의 경제적 맥락을 무시한다, 국가를 단일의 동질적인 실체로 간주한다, 정치적 행동의 동기로서 이데올로기 (도구적 손익계산과 상반되는)의 영향을 과소평가한다 등등이 그것이다.[62]

이 모든 문제점에도 불구하고 현실주의에 빠지는 것은 정치적 세계화 덕분에 국가 간 갈등이 극복되었다는 환상에 빠지는 것보다 나은 실수이다. 제국주의적 힘과 지정학적 경쟁은 현대 국제체계의 근본적 특징이다. 이러한 현실을 무시하는 것은 현 세계의 구성요소인 적대관계를 무시함으로써 세계정치를 미화하려는 구차한 변명에 불과한 것이다. "국제공동체"라는 표현은 실제로 존재하는 어떤 것을 가리키는 것이 아니다. 좋게 말하면 희망사항을 표현하는 것일 뿐이고, 나쁘게 말하면 우리 모두의 운명이 걸려 있는 불평등하고 갈등적인 관계를 신비화하는 것이다.

그러므로 인권침해의 정도가 심할 경우 국가주권 침해가 정당화된다는 이른바 인도적 개입 독트린은 의문의 대상이 아닐 수 없다. 강대국들은 늘 약소국들의 내정에 간섭할 권리가 있다는 주장을 해왔다. 19세기에는 강대국들이 현실정치적 고려에 따라 솔직하게 그렇게 행동하였다. 1815년 이후의 신성동맹 시절 캐슬레이(Castlereagh)는 다음과 같이 선언하였다 : "유일하게 안전한 원칙은 국제법 원칙이다. 즉 어느 국가도 다른 국가의 내정을 구실로 그 국가를 위험에 빠트릴 권리를 가지고 있지 않다는 원칙, 그리고 만일 그런 권리를 가지고 있다면, 물론 신중하게 검토했다는 조건이 붙지만, 그 간섭 권리는 명백하다는 원칙 말이다."[63] 냉전 시기 이데올로기적 대립구도 하에서는 공산주의의 팽창을 막기 위해서(트루만 독트린), 혹은 사회주의 제도를 지키기 위해서(브레즈네프 독트린) 내정간섭이 정당화되었다.

1989년 이후에 형성된 신세계질서 하에서 국가주권 침해를 정당화하는 원칙은 무엇일까? 1970년대 말 카터 행정부는 전 세계 인권 보호가 미국 정책의 동기라는 이상을 강조하기 시작하였다. 이 인도적 개입이라는 아이디어는 1980년대와 1990년대 아프리카를 휩쓸었던 끔찍한 기근과 전쟁을 통하여 구체화되었다. 국경없는 의사회 같은 NGO들은 해당 국가의 정부가 원하든 원하지 않든 아프리카 난민들에게 구호물자를 공급할 권리가 있다고 주장하였으며, 또 구호활동을 보호하기 위한 서방의 군사적 개입을 요구하고 나섰다.[64]

냉전 종식 이후에 인도적 개입 아이디어가 일반화되었다. 1992년판 카네기 재단 보고서는 "국제관계의 새로운 원칙, 즉 한 국가 안에서 사람들이 집단적으로 살해 혹은 강제 이주를 당하면 국제적 개입이 정당화된다는 원칙"을 주창하였다.[65] 보스니아 전쟁과 르완다의 집단학살이 이 원칙의 신뢰도를 높여주었다. 그러고 나서 코소보 위기가 터졌다. 이 사건은 새 단장을 한 NATO가 인도적 개입의 집행기구로서 가장 적임자라는 사실을 보여주기 위해 일부러 주문제작한 사건이 아닌가 싶을 정도였다. 비록 서방 강대국들이 NATO의 작전이 없었다면 일어나지 않았을 수도 있는 인도적 재앙을 정당화 구실로 삼은 것이기는 하지만.[66]

헬드와 그 동료들이 "세계법의 구성요소"로 환영한 전쟁범죄 처벌 문제에 대해서도 의문을 제기하지 않을 수 없다. 1999년 발칸 전쟁의 경우에 나타났듯이 가장 충격적인 것은 전쟁범죄의 처벌이 선별적으로 이루어졌다는 사실이다. 지난 세대 동안 아마도 가장 규모가 큰 전쟁범죄는 미국에 의한 인도차이나 초토화라 할 수 있는데, 이 범죄는 전혀 처벌받지 않았다. 오히려 그 작전을 세운 주역 가운데 한 사람인 헨리 키신저는 일반적으로 명예로운 업적을 남긴 정치가에게 주어지는 물질적 · 도덕적 보상을 아직도 즐기고 있다.

구유고슬라비아 문제 처리를 위한 국제형사재판소는 UN 안전보장이사회의 승인 하에 전쟁범죄자들을 추적하였다. 그런데 UN 헌장에 비추어 볼 때 강대국들로 구성된 안보리가 형사재판권을 행사할 권리가 있는지 여부도 의문시되거니와, 형사재판소의 재원이 록펠러 재단과 소로스 열린사회 재단 같은 민간기구들로부터 조달된다는 문제도 있다.[67] 형사재판소가 1999년 5월 밀로셰비치를 기소하기로 결정한 것은 밀로셰비치에게 협상을 통한 코소보 전쟁 종식에 협조하라고 추가적인 압력을 가하는 것이었다. 왜냐하면 밀로셰비치가 유죄판결을 받을지 모르는 최대의 전쟁범죄, 즉 스레브레니카 대학살은 이미 4년 전의 일인데 이 시점에 와서 문제 삼았기 때문이다. 다른 한편으로 미국 의회는 조약에 의거하여 국제형사법원을 창설한다는 안에 맹렬하게 저항하였다. 그런 것이 만들어지면 미국 군대가 그것을 지키기 위해 발이 묶일 수 있다는 이유에서이다.

현재의 인도적 개입은 **현실정치**(Realpolitik)를 초월하는 것과는 한참 거리가 먼, 오히려 그 도구이다. 이미 보았듯이 인도적 개입이 블레어의 "국제공동체 독트린"에 대한 신노동당 정부의 열정을 식혀준 것도 아니다. 2000년 9월 노동당과 자유민주당이 공동으로 UN의 군사개입 능력 강화를 촉구하고 영국군의 전문지식을 제공하겠다는 내용의 제안을 내놓았다. 인도적 개입이라는 원칙의 적용은 여전히 매우 선별적이다. 예를 들어 블레어는 러시아 대통령 선거를 앞둔 2000년 3월에 페테르부르크를 특별 방문하여 푸틴 지지 의사를 분명히 했고, 나중에는 푸틴을 초청하여 런던에서 만난 일이 있다. 푸틴이 체첸에서 야만적 전쟁을 일으켰음에도 불구하고 말이다. 블레어는 "그 사람이 우리처럼 개혁에 대해서 말하고 있다는 사실에는 추호의 의문도 없다"라고 선언하였다.[68] 따라서 개입 여부를 결정하는 한 가지 숨겨진 기준은 인권침해를 저지르는 국가가 핵무기를 가졌는지 여부인 것 같다.

신노동당이 인도적 개입을 지지하는 한 가지 중요한 이유는 이제는 오래된 문제인 대영제국 이후 영국의 국제적 역할을 정립하는 데 그것이 도움이 된다는 사실에서 찾을 수 있다. 대영제국 이후 영국의 역할이 얼마나 위축되어 왔는지에 대하여 브레진스키는 워싱턴의 시각에서, 그리고 아주 잔인하게 잘 설명하고 있다 :

> 영국은 지리전략적 행위자가 아니다. 영국이 가진 옵션은 프랑스나 독일에 비해 적다. 영국은 유럽의 장래에 대한 야심찬 청사진을 제시하지도 못하며, 상대적 국력 약화로 전통적인 유럽의 균형자 역할을 수행할 능력도 줄었다. 유럽 통일과 미국과의 특별한 관계(이것도 이미 약화되고 있다) 사이를 오가는 애매모호한 태도 때문에 유럽의 장래에 관한 한 영국의 중요성은 더욱 떨어졌다. … 영국은 미국의 핵심적 지지자, 매우 충실한 동맹, 필수적 군사 기지, 그리고 결정적으로 중요한 정보활동의 가까운 동반자이다. 그러한 영국의 우의는 더욱 북돋워 줄 필요가 있지만 영국의 정책은 지속적인 관심을 끌지 못한다.[69]

영국은 1945년 이래 일련의 식민지 전쟁을 치렀다. 인권이라는 이름으로 그런 전쟁을 수행하면서 영국의 지배자들은 자기네가 아직도 세계를 주름잡고 있다는 착각을 했는지 모른다. 또한 워싱턴의 가장 가깝고 충성스러운 유럽 동맹자 역할을 계속 수행하면서—예를 들어 이라크 폭격과 봉쇄 같은 것은 이제 앵글로-색슨의 정책이 되었다—그런 환상을 키워 왔는지도 모른다. 그러나 그것은 어디까지나 환상일 뿐이다. 강대국들의 군사력이 해방의 도구가 될 수 있다는 믿음을 가진다고 해서 그 환상이 좋은 환상으로 되는 것도 아니다. 그런 믿음은 불평등과 갈등으로 고통을 안겨주는 현 국제체계의 유지가 강대국들의 이익이 된다는 사실을 무시한다. 그렇다면 이제 무엇을 해야 할 것인가?

4

대안

4.1 시장 걷어차기

21세기 초의 세계는 역사상 그 어느 때보다도 더 세계적으로 통합된 자본주의에 의해 지배되고 있다. 그리고 이 자본주의는 1930년대 대공황 이래 가장 규제를 덜 받고 또 통제를 벗어나 있다. 정치적 세계화 이론가들의 주장과는 달리, 경제적 자유화는 진정으로 다자적인 통치형태의 발전에도 불구하고 그런 것들로부터 견제를 받지 않고 있다. 국제체계는 냉전 종식 이후 미국 패권의 영향을 어느 정도 받고 있지만 기본적으로 여전히 무정부 상태이다. 그런 한편으로 세계적으로나 국내적으로나 불평등이 계속 심화되고 있다. 연달아 쏟아져 나오는 연구서와 보고서들이 그런 사실을 기록하고 있는데, 그런 것들이 하도 많아서 사람들이 겪는 고통—피에르 부르디외(Pierre Bourdieu)가 이름붙인 "세계의 무게" 같은—이 사회적으로 야기되었다는 사실을 상기시켜 준다는 점만 제외하면 읽기도 지겨울 정도이다.

제3의 길 지지자들도 이런 사실을 전적으로 무시하지는 않는다. 1994-1995년 멕시코에서, 1997-1998년 동아시아에서, 1998년 러시아에서 잇달아 터진 "신흥시장" 붕괴 사건은 개별 국가들이 갑작스런 투기성 자본의 유입과 유출에 얼마나 취약한가를, 그리고 그 결과 국가경제가 얼마나 큰 타격을 입는가를 극적으로 보여준다.[1] 기든스도 다음과 같이 시인한다 : "금융시장의 위기 경향은 구조적인 것이고, 집단적 개입을 통해 여기에 대처할 필요가 있다." 기든스는 금융시장에 대한 국제적 규제를 강화하기 위한 다양한 조치를 제안한다 : "세계 금융시장의 구조적 위험"을 관리하는 "세계 금융기구"의 창설, 금융위기 시 최후의 대책을 제공할 수 있는 "세계 중앙은행"으로 가는 중간 단계로 IMF 강화, 그리고 "질서 있고 공식적인 채무 워크아웃 절차의 제공" 등.[2]

기든스는 경제적 신자유주의의 결함을 국제기구의 강화를 통해 치유하고자 하는 적지 않은 사람들의 입장을 대변하고 있다. 이런 전략의 밑바탕에는 경제적 세계화가 개별 민족국가의 경제 규제 능력을 떨어뜨리기 때문에 그 대신 다자적 기구가 자본에 새로운 제약을 부과할 수 있다는 발상이 깔려 있다. 예를 들어 하버마스는 소위 "제3의 길의 두 번째, 공격적 버전"이라는 것을 주창하면서 바로 그런 입장을 보였다 :

> 이것이 제공하는 시각은 정치가 시장의 논리보다 우선되어야 한다는 발상을 일깨워 준다. … 복지국가 민주주의를 무장해제하느냐 아니면 민족국가를 재무장시키느냐 하는 딜레마를 해결하고자 고심하다 보면 까다로운 민주적 정당화 문제를 건드리지 않고 민족국가의 기능 손상을 보전할 수 있는 더 큰 정치단위 혹은 초국가적 체계 같은 것을 쳐다보게 된다. 민족국가의 한계를 넘어서 작동하는 민주주의의 예로서 자연스럽게 EU가 떠오른다. 물론 더 큰 정치적 실체를 만든다고 해서 그 자체로서 각 생산현장들 간의 경쟁과정을 바꾸지는 못한다. 즉 그런 정치적 실체가 그 자체로서 시장이 주도하는 통합의 압도적 힘에 도전하는 것은 아니라는 얘기이다. 정치가 세계화된 시장 "따라잡기"에 성공하는 경우는 다음의 경우에 한한다. 즉 민주적 정당화 과정을 벗어나지 않은 채 하나의 세계적 국내정치를 유지할 능력을 가진 하부구조의 건설, 그것이 마침내 가능해진 경우에만 "따라잡기"에 성공할 수 있다.[3]

제3의 길에 적대적인 사회민주주의자들도 이와 유사한 태도를 보인다. 금융시장 통제를 위하여 민주적 책임성을 가진 유럽 차원의 기구를 이용한다는 발상은 독일 적색-녹색 연합정부에서 재무장관으로 짧지만 흥미진진한 재직 기간을 보낸 오스카 라퐁텐의 주특기였다.[4] 그러나 금리를 인하하고자 하는 라퐁텐의 노력에 대하여 선출되지 않은 사람들이 운영하는 독립기관인 유럽중앙은행이 완강하게 저항하였는데, 이러한 사례는 국제기구가 반드시 민주적 통제를 촉진하는 것은 아니라는 점, 그리고 실제에 있어서 시장에 저항하기보다 순응할 수도 있다는 점을 일깨워 주는 경고이다. (유럽중앙은행은 1999년 3월에 라퐁텐이 사임할 때까지 기다렸다가 금리를 인하하는 조심성을 보였다.)

하버마스도 이 점에 대하여 어느 정도 인식하고 있다. 하버마스는 유럽 통합이 더욱 진전되어도 그것이 진정한 "세계 민주주의"의 출현에 기여하지는 못할 것이라는 사실을 지적한다 : "만일 연방주의적 프로젝트가 미국의 영향을 받는 또 다른 세계적 선수를 운동장에 내세우는 것에 불과한 것이라면 그것은 편향적인 것이 될 것이고, 망명자들이 이름붙인 '유럽 요새'에 새 방벽, 즉 경제적 방벽을 추가하는 것이 될 뿐이다."[5] 그러나 지역 수준의 것이건 정말로 세계적 수준의 것이건 가릴 것 없이 정치적 통합은 하버마스가 말하는 "편향적" 이익에 똑같이 잘 기여할 수 있다. 하버마스는 NATO의 유고슬라비아 공습에 대하여 "인권이라는 지침을 가지고서 각국의 자연조건을 길들인다는 발상"을 키우는 것으로 여겨 환영의 뜻을 표한다. 이어서 "그런 식으로 각국의 법을 세계법으로 전환하는 문제가 의제로 떠올랐다"고 한다.[6] 이런 입장은, 이것이 이 책의 마지막 장이라는 점을 감안하여 좋게 말한다면, 순진한 것이다.

현재 설립되어 있는 G-7, IMF, 세계은행, WTO, NATO, EU 등 주요 국제기구들은 미국과 기타 서방 선진 자본주의 국가들의 이익을 위해 복무한다. 클린턴의 경제자문위원회 위원장을 지낸 조지프 스티글리츠(Joseph Stiglitz)는 2000년 4월 16일 워싱턴에서 대규모 반자본주의 시위가 있기 직전에 다음과 같이 썼다 :

> 다음 주 IMF 회의에 작년 가을 시애틀 WTO 회의를 무산시킨 시위자들이 또 몰려올 것이다. 그 사람들은 IMF가 오만하다고 말할 것이

다. IMF가 원래 도와주도록 되어 있는 개발도상국들의 말에 귀를 기울이지 않는다고 말할 것이다. IMF가 비밀스럽고 또 민주적 책임성에서 벗어나 있다고 말할 것이다. 그리고 IMF의 경제적 "처방"이 종종 사태를 더 악화시킨다, 속도 저하를 후퇴로 만들고, 후퇴를 침체로 만든다고 말할 것이다.

그리고 그 사람들은 또 한 가지를 꼽을 것이다. 나는 작년 11월까지 반세기 동안 가장 심각한 경제위기가 있었던 기간에 세계은행에서 수석 경제학자로 일했다. 그때 나는 IMF가 미국 재무부와 손잡고 어떻게 대응하는지를 지켜보았다. 그리고 나는 경악하였다.[7]

스티글리츠는 IMF와 미국 재무부를 저주하였는데, 이 두 기관의 정책결정 과정이 비밀스럽다는 점뿐만 아니라 정책의 내용 자체도 잘못된 것이라는 점에서 그리 한 것이다. 즉 적어도 부분적으로는 경제적 자유화 때문에 발생한 금융위기를 해결하기 위한 요법으로 긴축예산과 추가적인 자유화를 처방하였다는 것이다 :

심지어 내부 비판도, 특히 직접적인 민주적 책임성을 가진 사람들의 비판도 어둠 속에 갇힌다. 재무부는 자신들의 경제 분석과 처방에 대하여 너무나 오만해서 심지어 대통령이 보는 것에 대해서도 엄격한, 지나치게 엄격한 통제를 가한다.

공개적인 토론이 있었더라면 아직도 미국 언론이 별 관심을 기울이지 않고 있는 많은 심각한 문제점들이 사전에 노출되었을 것이다 : IMF와 재무부가 사실상 세계경제의 휘발성을 키우는 데 기여한 정책을 얼마나 강력하게 밀어붙였던가? (재무부는 대통령 경제자문위원회의 반대에도 불구하고 1993년에 한국 정부에게 자유화 압력을 가했다. 백악관 내부 싸움에서 재무부가 승리하였던 것이다. 그러나 한국은, 또 세계는 값비싼 대가를 치러야 했

> 다.) IMF가 동아시아 국가들에게 퍼부은 혹독한 비판 가운데 일부는 바로 IMF의 잘못에 대한 관심을 다른 곳으로 돌리기 위한 것이 아니었던가? 가장 중요한 것으로서 미국이, 그리고 IMF가 어떤 정책을 밀어붙일 때 그것이 동아시아 국가들에게 도움이 된다고 판단하여 그렇게 한 것인가, 아니면 미국과 선진 산업국들에게 금융상 이익이 된다고 판단하여 그렇게 한 것인가? 그리고 만일 우리의 정책이 동아시아에 도움이 된다고 판단하였다면 그 증거는 어디 있는가? 이 논쟁의 한 참가자로서 나는 바로 이런 증거를 보게 되었다. 아무 증거 없음.[8]

IMF의 이와 같은 실적을 감안할 때 기든스가 제안한 바와 같은 IMF의 강화는 결코 매력적인 아이디어가 아니다. 더욱이 그런 정책들이 제3의 길 선두주자가 백악관 주인 노릇을 할 때 재무장관을 지낸 로버트 루빈(Robert Rubin), 그 밑에서 차관을 지내다가 나중에 뒤를 이어 장관을 지낸 로렌스 서머스(Lawrence Summers)에 의해 집행되었다는 사실을 잊어서는 안 된다. 워싱턴 합의에 대한 스티글리츠의 비판은 사실 많은 주류 경제학자들의 비판 가운데 일부일 뿐이다. 폴 크루그만(Paul Krugman), 제프리 삭스(Jeffrey Sachs) 같은 사람 역시 또 다른 예에 지나지 않는다. 동아시아와 러시아 금융위기 여파가 지나가자 서방 국가들 사이에서 세계경제를 위한 "새로운 금융기구"에 대한 논의가 많이 있었다. 그런 제안 가운데 대표적인 것이 토니 블레어의 제안이다 :

> 우리는 브레튼 우즈 체제가 전후(戰後) 세계를 위해 만들어진 것이라는 사실에 주목해야 합니다. 세계는 계속 변해 왔습니다. 이제 우리는 국제 금융기구를 새로운 세계에 적합하도록 현대화할 필요가 있습니다.

아시아 위기가 주는 교훈은 개방된 국가, 독립적인 중앙은행을 가진 국가, 적절히 기능하는 금융 시스템과 독립적인 사법부를 가진 국가, 뇌물을 주거나 권력자의 힘을 빌리거나 하지 않아도 되는 국가에 투자하는 것이 더 좋다는 것입니다.

그래서 우리는 더 높은 수준의 투명성을 개혁의 초석으로 삼아야 한다고 제안한 바 있습니다. 금융재정 정책에 관한 새로운 행동규칙을 준수하도록 함으로써 각국 경제정책의 투명성을 높이는 것, 국제적으로 합의된 새로운 회계 표준과 새로운 기업경영 규칙을 준수하게 함으로써 각국 금융의 투명성을 높이는 것, IMF와 세계은행의 논의과정 및 정책의 공개성을 높이는 것, 이런 것들이 필요합니다.[9]

금융시장의 실패에 관한 이런 정도의 진단은 기든스의 진단에 비해 훨씬 더 근본적이지 못한, 피상적인 것이다. 기든스의 진단은 다음과 같다:

(1980년대와 1990년대의 금융위기) 모두에서 공통적인 것은 자본 흐름의 휘발성이다. 이전의 금융 패닉과 유사한 사건들이었지만 오늘날 세계 자본시장의 반응이 즉각적으로 나타난다는 특성 때문에 이번에는 그 속도, 범위, 강도가 크게 달랐다. 한 국가나 지역으로부터 갑자기 자본이 대규모로 빠져나갈 수도 있고, 반대로 다른 인기 지역으로 몰려갈 수도 있다. 이 과정은 두 가지 다 나쁜 효과를 낳는다. 자본의 갑작스런 유출로 인한 타격은 연달아 발생한 금융위기에서 잘 나타났다. 그러나 갑작스런 유입 역시 자국 화폐가치의 과대평가, 재산 및 자산가치 상승, 그리고 거품경제로 이어지는 불안정 효과를 낳는다.[10]

이 분석은 적어도 묵시적으로는 신자유주의에 대하여 비판적이다. 금융 탈규제가 국제 자본이동을 아주 쉽게 만들었기 때문이다. 이와는 대조적으로 블레어는 아시아 위기의 주된 책임이 적절한 수준의 금융 "투명성"을 갖추지 못한 해당 국가에 있다고 본다. 이런 식의 주장은 미국에 널리 퍼져 있는 견해를 연상케 한다. 즉 1997-1998년의 아시아 위기는 관료, 은행가, 기업인 간의 친밀하고 비밀스런 커넥션으로 유지되는 소위 "정실 자본주의"(crony capitalism) 때문에 발생한 것이라는 견해와 맞닿아 있다. 그래서 치유책은 이미 진단 안에 포함되어 있다. 즉 일본, 한국 등의 국가들은 서방의—더 구체적으로 말하면 영미의—금융구조를 채택해야 한다는 것이다. 서방의 금융구조란 독립적인 중앙은행, "신중한" 금융재정 정책, 탈규제화된 시장 등을 가리킨다. 블레어에 의하면 동아시아와 러시아가 걸린 병은 신자유주의와 거리가 먼 것이고, 그래서 그 치유책은 바로 이런 것들이라는 것이다.

이와 같은 평가는 서방 자본주의 국가들에게 면책특권을 준다는 이점—혹은 단점—을 가진다. 정치인과 기업인 간의 친밀한 관계가 문제라면 미국과 영국은 무죄인가? "정실 자본주의"라고? 1998년 10월 미국 연방준비제도 이사회와 15개 미국 및 유럽 투자은행이 러시아 금융위기로 헤지 펀드인 LTCM(Long-Term Capital Management)이 파산함으로써 야기된 사태를 수습하기 위해 발표한 구제대책을 노련한 금융 전문 기자 존 플렌더는 "서방 정실 자본주의"라 묘사하지 않았던가? LTCM 간부 중에는 연준 전 부의장도 포함되어 있다. 이 회사의 정교한 투기망은 무엇보다도 특히 구제대책에 참여한 거대 투자은행들을 대리해서 직조한 것이다.[11]

서방 자유민주주의 국가들에서 국가와 자본 사이에 이보다 훨씬 더 일상적인 커넥션이 형성되어 있다는 사실은 놀랄 일도 아니다. 어떤 기업경영자가 1996년 대통령 선거운동 기간에 클린턴에게, 그리고 2000년 선거운동 기간에 고어에게 수천만 달러를 쏟아부었다면 순수한 이타심에서, 혹은 링컨이 쓰던 침대에서 하룻밤 자고 싶어서 그랬을까? 아니다. 그것은 정부로부터 호의적인 대접을 받고자 하는 기대에서 그런 것이다. 부시의 기업인 후원자들은 백악관에 대한 통제력을 얻고자 이보다 더 많은 돈을 썼다. 2000년 선거 당시 각 정당과 그 지지자들이 쓴 돈의 총액은 무려 30억 달러로 추정된다.[12] 로날드 드워킨의 논평은 이렇다 : "우리 정치는 수치이다. 그리고 돈이 바로 문제의 뿌리이다."[13] 반면에 블레어는 미국 정치 시스템에 대한 찬양을 숨기지 않는다. 예를 들어 블레어는 부유한 기업인들로부터 선거자금을 모금함으로써 당과 노동조합과의 관계를 약화시키고자 하였다. 정부 기관에 기업인들을 기용하는 것은 단순한 보답 차원의 것이 아니다. 그것은 공공부문이 사기업에 의해 가장 잘 운영된다는 믿음에서 나온 것이다. 민주주의라는 관점에서 볼 때 이런 조치들이 그 자신과 서방 지도자들이 비난해 마지않은 동아시아의 경우와 원칙상 무슨 차이가 있는 것일까?

마지막으로, 블레어의 진단은 1990년대 "신흥시장" 위기에서 드러난 서방 금융시장의 역할을 무시한다. 매 위기 시에 공히 기든스가 말한 그런 일이 일어났다. 즉 서방의 파괴적인 투기 자본이 대거 유출되어 더 인기 있는 국가로 들어갔고, 조건이 바뀌면 더 파괴적인 자본 유출도 있었다. 멕시코 위기 이후 월스트리트의 한 자금관리자는 그런 결정이 얼마나 우발적으로 이루어지는가를 웃으면서 설명하였다 : "우리는 현지 상황에 대해서 아무 것도 아는 것 없이 라틴아메리카로 갔다. 이제 우리는 역시 아무 것도 모른 채 그곳을 떠나고 있다."[14] 그러나 매 위기 이후 G-7과 IMF의 개입은 해당 국가를 구제하기 위한 것이 아니라 투기꾼들을 구제하기 위한 것이었다. 즉 투기꾼들에게 원금 회수를 보장해 주는 방식으로 이루어졌다. 이런 방식은 '도덕적 해이'를 낳는다는 점에서 많은 신자유주의 논객들도 놀라게 하였다. 달리 말하면 서방의 구제책은 투기꾼들에게 더 모험적인 투기를 하도록 권장하는 것이다. 투기꾼들 입장에서 보면 아무리 실수를 해도 그 책임은 지지 않아도 되기 때문이다.

유명한 얘기지만 케인즈는 금융시장을 카지노와 비교하였다 : "투기꾼들은 거품 못지않게 정상적인 기업활동에 해를 끼친다. 그러나 기업이 투기의 소용돌이 거품에 휩싸이는 순간이 정말 위험하다. 한 국가의 자본이 카지노의 부산물처럼 된다면 그건 정말 잘못된 것이다."[15] 그러나 케인즈도 도박사가 베팅을 잘못 해서 손해를 보면 은행이 나서서 보상해 주는 카지노는 상상도 하지 못했을 것이다.

"새로운 금융기구"에 대한 블레어의 견해—그것이 각국 정부에게 신자유주의 정책 채택 압력을 계속 가하는, 본질적으로 기존의 것과 다름없는 것이어야 한다는 견해—는 제3의 길 지도자들이 집권하고 있는 서방 국가들의 전반적 정책방향을 짐작케 한다.[16] 세계은행 쪽의 움직임도 비슷한 징후를 보인다. 세계은행은 제3세계 국가들에 대한 차관을 담당하고 있어 워싱턴 합의를 강요하는 핵심적 역할을 떠맡고 있지만, 일반적으로 IMF에 비해 더 부드럽고 유연하다고 여겨진다.

1999년 11월 스티글리츠는 3년 계약 기간이 끝나지 않았지만 세계은행 수석 경제학자 직을 사임한다고 발표하였다. 1998년 말레이시아의 자본 통제 정책을 지지한다거나 러시아의 부패로 악명 높은 민영화를 공격한다거나 등 이 사람의 공개적 발언이 점차 재무성을 화나게 하였다.《파이낸셜타임즈》지 보도는 다음과 같이 나갔다 : "서머스 재무장관이 스티글리츠 씨를 내보내는 조건으로 제임스 울픈슨 현 세계은행 총재를 5년 임기로 재임명했다는 소문이 몇 주 동안 나돌았다."[17]

세계은행의 청소작업은 그 다음해 여름에도 계속되었다. 세계은행 연례보고서『세계발전보고』의 저자 라비 칸부어(Ravi Kanbur)가 2000년 6월에 사임했다. 이 사람이 쓴 초고의 내용도 바뀌었다. 즉 빈곤을 줄이는 방법으로서 "권한 위임"—이것은 재분배 대신 사용하는 암호이다—의 역할을 낮게 평가하고 그 대신 "기회"—이것은 경제 자유화와 성장의 암호이다—의 중요성을 강조하는 쪽으로 수정되었다.《파이낸셜타임즈》지에 의하면 "이번 사임을 경제학 업종 안에서 정통 자유무역 및 성장 위주 해법이 일대 승리를 거둔 사건으로 보는 사람이 많다." 재무성의 국제문제 담당 차관보 팀 가이스너(Tim Geithner)는 이렇게 말했다 : "성장이 발전의 핵심이라는 가정에 대한 심각한 도전은 전혀 없다."[18]

제3의 길 진영으로부터 이 가정에 대한 심각한 도전이 나오지 않았다는 것은 분명히 사실이다. 클린턴은 2000년 다보스 세계경제포럼에서 다음과 같이 말했다 : "우리는 개방된 시장과 규칙에 기반을 둔 무역이 생활 수준을 높이고 환경파괴를 줄이며 공동번영을 추구하기 위한 우리가 아는 최선의 엔진이라는 사실을 선명하게 재확인해야 합니다."[19] 시애틀에서 시위가 진행되는 동안 영국 국제개발부 장관이자 블레어 정부 안에 몇 안 되는 구좌파 인사인 클레어 쇼트(Clare Short)는 WTO를 가리켜 "고귀한 국제기구"라 부르면서 "WTO에 대해서 싸잡아 비판하는 사람들은 가난하고 힘 없는 사람들을 위하는 것이 아니라 오히려 해치는 것이다"라고 말했다.[20]

클린턴이나 쇼트의 것과 같은 선언을 지적(知的)으로 뒷받침한 것 가운데 가장 힘 있는 것은 《파이낸셜타임즈》지의 칼럼니스트 마틴 울프의 것이다. 칸부어와 그 지지자들을 공격하면서 이렇게 썼다 :

> 세계 최빈국 정부들은 '성장제일주의'로 나아가야 한다. 동아시아 국가들에서 1988년부터 1997년 사이에 1인당 국민소득 1달러 미만 빈민층이(PPP : Purchasing Power Parity 기준에서) 가장 많이 줄었다는 것은 결코 우연이 아니다. … 무엇보다도 동아시아는 가장 빠른 속도로 성장을 기록한 지역이다. … 성장은 더 많은 상품과 서비스, 정부를 위한 더 많은 선택과 자원을 의미한다. 그러므로 성장에 1차적 강조점을 찍지 않는 빈곤 완화 논의는 미국 재무장관 서머스가 말했듯이 "왕자 아닌 햄릿"이다.[21]

그러나 무역에 기반을 두는 경제성장이 세계적 불평등을 완화한다는 울프의 주장은 매티어스 런드버그(Matthias Lundberg), 브랑코 밀라노빅(Branko Milanovic) 같은 경제학자들의 도전을 받았다. 이 두 사람은 불평등을 세 가지로 나눈다. 하나는 국내적 불평등으로서, 흔히 소득 격차로 나타난다. 다른 하나는 국제적 불평등으로서, 각국의 평균 1인당 소득의 격차로 나타난다. 나머지 하나는 세계적 불평등으로서, 위의 두 개념을 결합하여 세계 모든 개인들 간에 나타나는 소득 격차를 말한다.

런드버그와 밀라노빅 두 사람은 울프가 **국제적** 불평등에서의 변화를 측정한 연구들에 의존하였다고 지적한다. 이 사람들에 의하면 "국제적 불평등이라는 잣대는 중국인과 미국인 각자의 소득이 다 양국의 중앙값이라 가정함으로써 세계적 소득 불균형을 반영하지 못한다." 반면에 국내적 불평등과 국제적 불평등을 동시에 반영하는 세계적 불평등의 지수라 할 수 있는 지니계수로 보면 전 세계적으로 1988년의 63에서 1993년 현재 66으로 늘어났다. 이 두 사람이 관여한 다른 연구가 발견한 것은 다음과 같다 :

> 단기적으로 볼 때, 무역개방의 폭을 넓히는 것은 소득 수준 하위 40% 사람들의 소득 증가 속도를 떨어뜨린다. 장기적으로 볼 때는 모든 사람들이 무역개방으로 이득을 본다. 그러나 그 과정에 소요되는 비용 부담은 전적으로 가난한 사람들 몫이 된다.
>
> 가난한 사람들은 상대적 국제가격 변동에 대하여 훨씬 더 취약하다. 그리고 국가의 무역개방은 분명히 그런 취약성을 더욱 심화시킨다.[22]

제3의 길 정부들은 신자유주의의 핵심 신조를 그대로 수용하고 있음에도 불구하고 세계의 빈자들에게 고통을 덜고자 레이건이 말한 "시장의 마술"에 의지한다는 비판을 가한 적이 없다고 주장한다. 1999년 6월에 G-8(G-7 + 러시아)이 빈국들의 부채 문제 해결을 위해 "강화된" 조치를 제안한 바 있는데, 고든 브라운과 클레어 쇼트는 신노동당 정부가 이 제안을 채택하도록 하기 위하여 무진 애를 썼다. 제3세계 최빈국들이 서방 은행들에게 부채 상환금으로 지불하는 돈의 액수가 워낙 크기 때문에 이에 대한 분노가 부국들 안에서도 확산되고 있다. 쥬빌리 2000(Jubilee 2000) 같은 대중운동도 여기에서 촉발된 운동이다. G-7 정부들은 무언가 행동을 하라는 압력을 더 많이 받게 되었다. 그러나 부채탕감은 소위 "외채과다빈국"(HIPCs)만을 대상으로 설정하면서 그것마저도 신자유주의적 조치를 담은 IMF/세계은행 패키지의 이행을 조건부로 한 것이다. 이와 같은 어려운 조건에다가 미국 의회가 미국 몫의 분담금 출연을 가로막아 2000년 7월 차기 G-8 회의 때까지 부채탕감 혜택을 받은 국가가 하나도 없었다. 더욱이 영국의 극빈자 구제기관 옥스팜(Oxfam)의 계산에 의하면, "강화된" HIPC 부채탕감 조치가 실행된다고 하더라도 12개 최빈국 가운데 5개국은 보건비와 교육비를 합친 액수보다 더 많은 돈을 서방 채권단에게 상환해야 하는 처지에서 벗어나지 못한다.[23] 우간다 외채 네트워크의 지 알리오(Zie Arlyo)는 "부채탕감 안은 21세기의 추문 가운데 하나로 되고 있다"고 하면서 "부채탕감은 속임수이다"라고 한다.[24]

이렇게 보면 제3의 길 정부들이 새로운 방식으로 자본주의를 규제한다는 주장은 거짓으로 드러난다. 오히려 역대 정부의 신자유주의 정책을 수용하고 경우에 따라서 더 강화하였다. 예를 들어 블레어 정부는 국립학교의 관리와 기타 교육 서비스 제공 업무를 민간기업에 이양하고 있다. 그런 한편으로 유럽 무대에서는 영국 정부가 앞장서서 EU가 더 "유연한" 노동시장 정책을 채택해야 한다는 압력을 가하고 있다.

그러나 이런 현상이 영국에만 국한되는 것은 결코 아니다. 적극적인 노동운동 때문에 훨씬 더 큰 제약을 받았지만 슈뢰더 정부 역시 그런 방향으로 밀어붙였다. 1999년 12월에 독일 정부가 기업이 타기업 주식을 소유하다가 매각할 때 납부하는 자본이익세의 철폐를 결정한 바 있는데, 《파이낸셜타임즈》지는 이 결정을 환영하면서 "독일 기업의 이사진에게는 크리스마스가 빨리 왔다" 그리고 "투자은행들 새 먹잇감 찾아 나서다"라는 제목의 기사를 실었다. 기사에 의하면 그 결정은 "주식회사 독일을 합병과 취득 잔치에 탐닉하도록 해방한 것"이라고 한다. 한 분석가의 말이 재미있다 : "이것은 인수 합병(M&A) 일꾼들의 일거리가 크게 는다는 것을 뜻한다. 그 사람들 전에는 가본 적이 없는 곳에 가서 노크하고 다닐 것이다."[25] 전대 보수-자유 연합 정부는 실패하였지만, 이번 적색-녹색 연합 정부는 "주식보유자 가치", 즉 단기 이윤의 극대화에 치중하는 영미 식 자본주의 모델을 향하여 성큼 나아갈 수 있었다.

카스텔스는 이런 과정을 그래도 좀 관대하게 해석해 준다 :

> 전 세계 어디서나 세계화를 집행한 개혁자들 대부분이 경제에 대한 정부의 통제를 지지해 온 좌파 출신이라는 사실은 정치사의 역설이랄까 왜곡이랄까? 이런 사실을 놓고서 정치적 기회주의의 증거라고 해석하는 것은 잘못이다. 이보다는 새로운 경제적 · 기술적 발전에 대한 현실주의, 상대적 침체에 빠진 경제를 거기에서 빼내는 가장 빠른 길에 대한 그 사람들의 생각이라고 보는 것이 타당할 것이다.[26]

그러나 카스텔스가 제시한 현실주의와 기회주의의 대비는 별로 도움이 못 된다. 왜 그런가 하면 이 대비는 블레어나 만델슨 같은 신노동당 인사들에게서 특징적으로 나타나는 자유주의적 자본주의에 대한 원칙적 신봉을 간과하기 때문이다. 이 사람들의 기업세계에 대한 짝사랑과 공공부문 민영화에 대한 열정은 단순히 편의주의에서 나온 것이 아니라 진지하고 실로 교조적인 믿음에서 나온 것이다. 즉 경험적 증거가—철도 민영화로 인한 엄청난 재난은 접어두고 예를 들어 새천년을 기념하기 위해 세운 밀레니엄 돔, 템즈 강을 따라 지은 윌앤브리지(Wheel and Bridge) 같은 대실패작들이—반대로 나타나고 있음에도 불구하고 민간 기업인들이 무언가 운영을 하는 데 있어서는 최고라는 믿음에서 나온 것이다.

또 다른 이유는 카스텔스처럼 현실주의라고 말한다면 신자유주의의 대안이 있을 수 있다는 사실을 놓친다. 예를 들어 말레이시아는 투기자본의 출입을 제한하는 내용의 자본통제 조치를 취한 덕분에 아시아 금융위기를 비교적 쉽게 비껴갈 수 있었다. 마하티르 모하메드(Mahathir Mohamed) 정권은 권위주의적 선동가 정권이지만, 정통 신자유주의를 추종하는 논객들도 모하메드 수상이 성공적으로 시장을 걷어찰 수 있었다는 사실을 인정하지 않을 수 없었다. 시장통제를 위한 다른 조치도 있다. 예를 들어 금융투기에 대한 토빈세(Tobin Tax, 단기자금이 국경을 넘을 때 세금을 매기는 것[역자주]) 같은 것 말이다. 좀 놀랄 일이지만 기든스가 그런 조치가 취해지지 않은 이유를 잘 설명하고 있다 : "주된 장벽은 … 면탈 문제라든가, 좀더 일반적으로 말해서 집행상의 문제가 아니라 지금까지 나타난 바로는 정치적 의지 부족이다."[27] 그러나 미국과 영국의 재무부, 백악관과 다우닝가 10번지보다 정치적 의지가 더 부족한 곳이 도대체 어디인가? 적어도 백악관과 영국 수상 집무실은 기든스가 무시로 출입할 수 있는 곳이었음에도 불구하고 말이다. 신자유주의의 대안을 찾고자 하는 사람들은 제3의 길이 아닌 다른 곳을 쳐다봐야 한다.

4.2 9개 반자본주의 명제

페리 앤더슨이 "제3의 길은 현 시기 신자유주의의 최선의 이데올로기적 외피"[28]라고 말한 것은 옳다. 이 말은 신자유주의가 다른 외피를 찾아내지 못했다거나 찾으려 하지 않는다는 뜻이 아니다. 이 말이 뜻하는 것은 시장이 정의하는 바 효율성이라는 것과 사회주의자들이 이해하는 바 정의라는 것 이 양자가 서로 조화를 이룰 수 있다는 믿음이 선진 자본주의 국가 및 제3의 길 국가들에서 가장 큰 정치적 영향력을 가진 이데올로기라는 뜻이다.

그러나 신자유주의가 아무런 도전을 받지 않고 있는 것은 아니다. 1999년 11월 말의 시애틀 시위는 반자본주의적 항의의 시작을 알린 사건일 뿐이다. 신자유주의 정책의 실제 경험이 이러한 운동의 추동력을 제공하였다. 그리고 선진 자본주의 국가들이 자신들의 정책을 강요하기 위한 수단으로 사용하는 각종 국제기구들의 역할이 커졌는데, 이런 기구들이 압력과 항의를 위한 매우 눈에 잘 띄는 표적이 되었다. 2000년의 경우 이런 시위의 주 무대가 된 것은 워싱턴, 미요, 멜버른, 프라하, 서울, 니스 등이었다. 앞으로 다른 많은 도시들도 그렇게 될 것이다. 제3의 길 옹호자들은 이런 반자본주의 운동을 비판하는 데 결코 늑장을 부리지 않았다. 지난 10년 세월 동안 신노동당을 옹호하고 또 서방의 여론지도자들을 설득하여 보리스 옐친과 그 다음에는 블라디미르 푸틴이 (푸틴의 경우 좀 가능성이 떨어지지만) 미래의 번영과 민주주의를 위한 러시아의 유일한 희망이라고 믿게 하기 위해 애를 쓴 존 로이드(John Lloyd)라는 사람은 젊잖게 타이르는 듯한 말투로 프랑스 농민운동 지도자 조제 보베(Jose Bove)를 비판하면서 보베가 퇴행적이고 혼란스럽고 민족주의적인 운동을 대변하고 있다고 주장한다:

> 다정하고 콧수염이 멋있고, 또 언론과 친한 보베 씨는 자신의 깃발 아래 너무나 많은 사람들을 끌어 모으고 있다. 보베 씨의 운동은 인터넷과 휴대전화를 활용하지만 그런 것들을 만들어낸 과학과 다국적기업을 헐뜯는다. 보베 씨는 부유하고 강력하며 세계적 경쟁력을 갖춘 프랑스의 시민들 같은 세계화의 수혜자들이 회원의 다수를 이루는 그런 단체들과 동맹을 맺으려 한다. 그러나 보베 씨는 사람의 심금을 울리기도 하였다. … 그것은 대안적 문명으로서 프랑스, 대안적 생활양식으로서 단순성, 이런 것이다. 이 둘은 현실 세계에서 가능하지 않다. 그러나 미디어가 주도하고 농민들의 항의 뒤풀이로 만들어진 축제분위기에 들뜬 세계에서는 가능할지 모른다.[29]

사실 반자본주의 운동은 아직 많은 점에서 내적 일관성이 부족하다. 그러나 그 운동이 무엇을 반대하는지는 분명하다. 보베 자신에 의해 대중화된 구호 **세계는 매물이 아니다**를 보라. 다른 말로 하면, 항의자들이 반대하는 것은 모든 것의 상품화, 신자유주의 패권이 촉진하고 제3의 길 정부들이 보강하고 있는 가차 없는 상품화이다. 이 상품화의 대상에는 생명 그 자체인 유전자도 포함된다. 항의자들을 향수병에 젖은 민족주의자라고 비판하는 것은 그저 어리석은 누명 씌우기일 뿐이다. 이 사람들은 국제주의자로 간주되어 왔기 때문이다. 시애틀 시위에 참가한 사람들은 전 세계 각지에서 온

수많은 활동가들이고, 보베는 그 중에 한 사람이다. 이 점에서는 정치적 세계화 이론가들이 옳다. 즉 지난 한 세대 동안 이루어진 아주 제한적인 형태의 다자주의라 하더라도 그것이 헬드와 그 동료들이 말하는 "초국가적 사회운동"의 등장을 촉진하였다는 것은 옳은 말이다. 이제 이 운동은 공통의 초점을 발견하기 시작하였고, 또 피에르 부르디외(Pierre Bourdieu), 수잔 조지(Susan George), 조지 몬비어트(George Monbiot) 같은 지식인 대변자들을 배출하기 시작하였다.[30] 신자유주의에 대한 강력한 비판과 제3의 길 이데올로기에 대한 대안이 등장하고 있다. 이 대안 이데올로기에는 내가 보기에 몇 가지 핵심적 특징이 있는데, 그런 것들을 제시함으로써 이 책의 결론을 내리는 것 말고 달리 좋은 방법이 있을까?

명제 1 : 적은 세계화가 아니라 세계적 자본주의이다.

로이드는 반자본주의자들이 모든 종류의 세계화에 반대한다고 이들을 싸잡아 비난하는 신자유주의자들과 제3의 길 옹호자들(이들 중 일부는 더 많이 알아야 할 의무가 있는 사람들이다.) 가운데 전형적인 사람이다. 사실 반자본주의자들은 각기 다른 국가에 사는 사람들이 더욱 연결되고 있는 것에 대해서 반대하지 않는다. 굳이 찾자면, 망명자와 "경제적 이민자"를 반대하는 인종주의적 언론 캠페인에 굴복함으로써, 경우에 따라서는 그것을 고무함으로써 사람들 간의 연결을 방해하려는 존재는 바로 현재 중도 좌파가 집권하고 있는 서방 정부들이다. 그러나 앞의 장들에서 내가 보여주고자 애

썼지만 세계화의 주된 형태는 경제적 세계화이다. 경제적 세계화는 거대 자본주의적 산업기구와 금융기구의 지배권을 기반으로 하여 세계경제를 통합하려는 형태를 취하고 있다. 이런 기구들을 과학기술적 혁신으로 미화하는 것은 마르크스가 말하는 "상품 물신주의"(物神主義)의 대표적 예이다.

명제 2 : 세계 자본주의의 핵심 기구는 다국적기업, 선진 자본주의 국가, 그리고 이 국가들의 이익을 반영하기 위한 국제기구이다.

"다국적기업들의 활동은 경제적 세계화 과정의 핵심이다"라고 헬드와 그 동료들이 적고 있다.[31] 1998년 현재 53,000개의 다국적기업과 450,000개의 자회사가 있고, 전체 매출액은 9조 5,000억 달러에 이른다. 이 금액은 세계무역의 2/3에 해당한다. 동일 다국적기업의 자회사들 간의 거래 규모는 세계무역의 1/3에 달한다. 해외직접투자의 규모를 보면 다국적기업의 경제력이 어느 정도인지 더욱 실감난다. 즉 세계 총고정 자본 조성의 1/5이 외국 국적의 다국적기업에 의해 이루어진다. 더욱이 이 다국적기업들은 보통 훨씬 더 작은 기업들을 포함하는 세계적 생산 네트워크를 가지고 있다.[32]

대개 다국적기업들은 선진 자본주의 국가들에 기지를 두고 있으며, 또 집중적으로 투자하고 있다.[33] 이런 국가의 정부에 대한 다국적기업의 영향은 막대하다. 왜냐하면 다국적기업을 유치하고 있는 국가의 정부들은 예컨대 새로운 투자 유치를 위해 유리한 조건을 제시하고자 서로 경쟁하기 때문이다. 이런 현상이 국제 수준에서도 나타나고 있다. WTO 시애틀 총회에서 추가적인 무역자유화, 특히 서비스 부문 자유화를 얻기 위하여 다국적기업들의 다양한 로비 동맹이 만들어졌다. 예를 들면 미국 서비스 산업 연합, 유럽 서비스 리더 그룹, 관세자유화 촉진기구 등이 그런 것들이다.[34] 미국과 유럽의 최고경영자 약 100명으로 구성된 막강한 단체인 대서양사업회의(TABD) 같은 다른 단체들은 다국적기업이 모든 국가의 경제에 장애 없이 접근할 수 있도록 더욱 포괄적인 조치를 취하라는 압력을 가했다.[35]

거대 기업의 힘이 커진다는 것은 아주 친자본주의적인 사람들에게도 경고감이 되고 있다. 예를 들어 월스트리트의 투자상담역인 헨리 카우프만(Henry Kaufman) 같은 사람도 다음과 같이 말한다 : "미국의 불완전한 민주주의에 대한 더 장기적인 도전은 무엇인가? 그 주된 위협은 지금 진행되고 있는 바와 같은 합병과 집중에서 나온다. 현재 합병과 집중은 금융분야뿐만 아니라 자동차 제조업, 통신, 항공기 제조업, 석유, 방송, 컴퓨터와 소프트웨어 등의 분야에서도 이루어지고 있다." 카우프만은 이러한 과정이 경쟁에 미치는 부정적 영향, 또 그로 인하여 경제적 효율성에 미치는 부정적 영향을 걱정한다 : "비록 지배적인 기업이나 기업들이 생산과 서비스 측면에서 취약할는지 모르지만, 엄청난 자본상의 이점을 가지고 있기 때문에 신기술을 그냥 사버리거나 아니면 모방할 수 있고, 또 그리하여 과거 경쟁 국면에서 경쟁자였지만 지금은 작아진 다른 회사들보다 오래 살아남을 수 있다."[36]

그리고 경제적 집중과 중앙화는 정치적 함의(含意)를 갖는 것이기도 하다. IMF와 WTO 같은 국제기구들이 다국적기업의 도구라고 말하려는 것이 아니다. 물론 민족국가들도 아니지만. 그러나 대체로 국제기구는 선진 자본주의 국가들이, 그리고 이 국가들의 이익이 그들 상호 간의 갈등을 조정하고 규제하는, 그러나 그들 중 최강대국인 미국에게 상대적으로 유리한 조건으로 갈등을 조정·규제하는 하나의 경기장 구실을 한다. 국제기구가 "세계적 통치"의 맹아적(萌芽的) 형태라는 발상은 슬프게도 백일몽이다.

명제 3 : 자본은 관계이지 물(物)이 아니다.

반자본주의자들 사이에 세계적 자본을 악의적 음모로 인식하는 경향이 있다. 세계적 자본은 다국적기업으로 체현되며, 흔히 「스타 트렉」에 등장하는 보그 같은 거대한 외계 존재로, 끊임없이 움직이고 무언가 동화시키고 파괴하는 존재로 묘사된다. 그러나 자본주의는 다국적기업을 포함한 제도적 형태로 환원될 수 없다. 마르크스가 처음으로 지적하였듯이 자본은 관계이지 물이 아니다. 자본은 어느 누구도, 심지어 가장 큰 자본도 통제할 수 없는 경쟁적 축적의 비인격적 구조이다.[37]

이 추상적인 이론적 명제는 구체적으로 중요한 의미를 갖는다. 현 시기 경제적 세계화의 핵심 내용이 더욱 국제적으로 통합된 금융시장의 발전이라는 사실은 명백하다. 그러나 금융시장은 비록 중요한 제도적 장치를 가지고 있지만 구체적인 제도 그 자체인 것은 아니다. 지난 세대 동안 금융시장이 더욱 통합된 것은 서방 선진 자본주의 국가들의 탈규제 정책에 힘입은 바가 매우 크다. 금융시장은 투자은행, 헤지 펀드, 개인적 투기꾼, 중앙은행 등 다양한 행위자들을 서로 연결시켜 주는 관계의 덩어리이다. 이 관계 속에서 각 행위자들은 최대의 이윤을 짜내고자 하며, 동시에 그 관계의 지배를 받는다.

명제 4 : 자본 재생산의 필요조건들이 자본에 대한 규제와 개혁에 한계를 설정한다.

관계로 인식되는 자본은 일정한 재생산 조건을 가지고 있다. 이 조건들이 자본에 대한 규제와 개혁이 어느 정도까지 가능한지에 대한 한계를 설정한다. 바로 이 한계가 과거 사회민주주의 정부들이 자본주의를 인간화하고 민주화하고자 하였을 때 얼마나 큰 어려움에 직면하였는가를 설명해 준다. 안정적이고 수익성 있는 자본주의적 생산을 위협한다고 인식되는 정책은 반격을 받게 된다. 대표적인 것이 자본 이탈인데, 이런 반격이 문제의 정부를 곤경에 빠뜨리고, 결국 문제의 정책을 포기하게 강요한다. 이 과정에 자본가들이 직접 나서서 음모를 꾸밀 필요가 전혀 없다는 사실, 이것을 이해하는 것이 중요하다. 사실 자본 이탈의 묘미는 정부 정책의 변경을 강요하기 위하여 사전에 협의할 필요가 없다는 데 있다. 정책 변경을 위해서 필요한 것은 개별 투자자들이 새 정책 때문에 자본을 다른 곳으로 옮기는 것이 더 합리적이라고 이기적 판단을 내리는 것, 이것이 전부이다. 이런 판단이 쌓이면 그 결과는 대개 통화위기의

형태로 나타나며, 결국 정책 변경으로 이어진다.[38]

이런 분석이 개혁을 추구하는 것이 쓸데없는 짓이라는 사실을 뜻하는 것은 아니다. 제3의 길에 대한 질책 가운데 한 가지는 제3의 길 정책들이 자본 재생산의 필요조건에 의해 설정된 한계 안에 있으며, 그나마 경계선 근처까지 가는 것도 아니라는 질책이다. 예를 들어 최저임금 인상, 연금 지급액 인상, 대중교통 개선 등은 영국 자본주의를 전혀 흔들지 못하는 것들인데, 신노동당 정부는 그 정도의 것들도 회피한다. 간혹 당면의 시급한 현안 문제 때문에 개혁이 이루어진 예도 있다. 프랑스에서 토빈세가 도입된 것은 시민운동 단체 아탁(ATTAC : 금융거래과세시민연합)과 영향력 있는 좌익 월간지 『르몽드 디플로마티크』(*Le Monde diplomatique*)에 의한 것이다. 이런 종류의 조치를 위해 시민들의 지지를 규합하는 것은 부자로부터 빈자에게로 부를 재분배하는 방법의 하나라 할 수 있다. 이와 동시에 개혁의 한계가 어디까지인가를 테스트하는 것이기도 하다. 그러나 반자본주의 운동 진영은 한계가 엄연히 존재한다는 사실을 알아야 한다.

명제 5 : 자본관계는 자본이 그 반대편인 임금노동에 의존한다는 사실을 뜻한다.

자본주의는 개별 자본들 간의 구조화된 관계만을 의미하는 것이 아니다. 개별 자본들은 서로 간에 차이와 갈등이 있지만 직접 혹은 간접적인 방법으로 이윤 창출을 위하여 착취해야 하는 임금노동자들에 의존한다는 공통점을 가지고 있다. 물론 이것은 자본주의적 생산양식에 대한 마르크스 이론의 핵심 부분이다. 즉 자본은 임금노동과의 모순적 관계에 의해 구성된다.

이런 발상은 현재 유행을 타고 있는 발상이 아니다. 예를 들어 카스텔스는 세계화가 "노동의 종말"을 예고하고 있다는 널리 퍼진 믿음을 부인한다 : "유급 일자리의 수가 … 인류 역사상 최고 수준이며, 또 계속 늘어나고 있다. 그리고 전례 없이 많은 여성을 노동시장에 편입함으로써 성인 인구 중 노동 인구의 비율이 세계 어디서나 높아지고 있다. 이같은 기초 데이터를 무시하는 것은 우리 사회 자체를 무시하는 것이다." 그래서 그는 "현대 사회에서 임금노동 시간이 사회적 시간을 결정한다"고 주장한다.[39] 그러나 다른 많은 사회이론가들과 마찬가지로 이같은 임금노동의 확대와 더불어 노동의 파편화와 개인화가 이루어졌고, 이로 인하여 조직노동의 힘이 크게 약화되었다는 주장도 편다.

그러나 이런 주장이 암시하는 것처럼 현 상황이 그리 간단명료한 것은 아니다. 1970년대 말 이래 자본주의적 구조조정과 이에 대한 저항 투쟁의 패배가 선진 자본주의 국가들에서 노동조합의 힘을 약화시켰다는 것은 분명하다. 더욱이 국제적 경쟁의 심화로 인하여 구조조정 충동은 항시적인 것으로 되었고, 노동자들에게 항시적인 압력으로 작용하게 되었다. 그러나 이 모든 사실들이 노동계급 대중 조직과 집단행동을 시대에 뒤진 것으로 만드는 것은 아니다. 여기에는 적어도 세 가지 이유가 있다.

첫째, 노동현장에서 압력의 강도가 높아졌다는 사실, 그리고 경제적 자유화의 결과로 고용불안이 만연해 있다는 사실, 이런 사실 자체가 저항을 낳을 수 있다. 1995년 11-12월 프랑스 공공부문 파업과 이에 대한 대중의 지지는 이러한 논리로 설명할 수 있다.

둘째, 다국적기업은 하청, 외부 계약, 노동자 원자화에 온갖 노력을 쏟고 있지만 전략적 위치에 있는 노동자 집단에게 아직도 취약하다. 선진국들 중에서 조직노동의 힘이 가장 약화되어 있는 미국에서 1990년대 말에 많은 거대 기업들이 성공적 파업으로 타격을 받았다.

셋째, "신경제"와 관련된 변화 가운데 몇 가지는 사실상 기업의 취약성을 높여주었다. 2000년 9월 프랑스, 영국, 기타 유럽 국가들에서 일어난 주유소 봉쇄 사건들은—노조가 아닌 소규모 노동자들의 연합체에 의해 수행된 것이지만—재고 확보와 이를 통한 원가절감을 위해 고안된 타이밍 맞추기 기법에 의존하는 현대 자본주의 경제가 일단 배송 흐름이 차단되기만 하면 아주 쉽게 무너질 수 있다는 사실을 잘 보여준다.

명제 6 : 조직노동과 기타 사회운동의 관계는 재정립되는 과정에 있다.

지난 한 세대 동안 이른바 "새로운 사회운동"에 대한 논의가 무성했다. 현재 시점에서 보면 "새로운"이라는 형용사가 어울리지 않지만 새로운 사회운동이란 여성, 흑인, 동성애자 해방 문제나 환경파괴 문제 등의 이슈를 다루는 운동을 말한다. 많은 사람들은 이 운동이 전통적 노동운동에 도전하거나 이를 대체하는 것으로 여겼다. 그 부분적인 이유는 노조와 사회민주당이 빵의 문제에만 집착하는 "경제주의"에 빠졌다는 것, 새로운 운동이 자본주의적 착취와 그로 인한 계급갈등으로 환원되지 않는 새로운 지배형태를 보여준다는 것 등이다. 기든스의 초기 이론적 저서 역시 적어도 부분적으로는 새로운 형태의 정치, 그가 말하는 "생명정치"를 위한 마르크스주의 비판 의도를 가진 것이었다.[40]

이런 식으로 조직노동과 기타 사회운동을 대비시키는 것은 이제 명백히 부적절하다. 서로 다른 종류의 집단행동에 참여하는 사람들은 이제 각자 고유의 관심사나 고충사항을 초월하여 하나의 공동의 적—세계적 자본주의—에 대한 의식에 따라 행동하기 시작하였다. 시애틀 항의의 중요성은 WTO 정상회담을 무산시켰다는 데만 있는 것이 아니라 트럭운전 노조, 기계 노조, 부두 노조, 자동차 노조 등 미국 노동운동의 핵심 부분과 환경파괴나 제3세계 부채 문제 등에 관심을 가진 활동가들을 결합시켜 주었다는 데에도 있다. "트럭운전사와 환경운동가, 마침내 함께!"라는 당시 구호 가운데 하나가 보여주듯이.

이같은 결합은 양측이 각기 자기 존재와 상대 측 동기와 이익을 재규정하는 과정에 들어갔다는, 잠재적으로 아주 중요한 변화라 할 수 있다. 이제 북측의 노조활동가들은 남측 노동자들에 대하여 자신들의 임금과 근로조건을 깎아내리는 경쟁자가 아니라, 자신들에 비해 훨씬 더 가혹하고 잔인한 착취에 시달리는 동지로 인식하기 시작하였는지도 모른다. 그리고 이와 유사하게 이제 환경운동가와 제3세계 운동가들은 조직노동에 대하여 보호무역과 민족주의적 정책을 지향하는 보수적인, 심지어 반동적인 세력이 아니라, 자본가 권력을 위한 제도에 도전하는 데 결정적으로 중요한 집단적 경제력을 가진 잠재적 동맹자로 인식하기 시작하였는지도 모른다.

이런 식의 재규정 과정은 연약하고 또 뒤집어질 가능성도 매우 큰 것이다. 개혁운동이 직면하고 있는 어떤 항시적인 위험에 대하여 양측 모두가 취약할 수 있기 때문이다. 즉 자신들이 그 변화를 요구하는 기구들에게 오히려 포섭당할 수 있다는 것이다. 미국과 영국의 노조 지도자들은 각기 클린턴 행정부와 신노동당 정부와의 관계를 조금이라도 저해할 가능성이 있는 행동은 절대로 하지 않으려는 태도를 보였다. 그 대가로 정부로부터 얻어낸 양보는 아주 미미한 것에 그쳤지만. 비정부기구들 역시 힘 있는 자들의 쓸모 있는 바보 처지로 전락할 수 있다. 국경없는 의사회의 설립자인 베르나르 쿠시네(Bernard Kouchner)가 NATO의 코소보 주재 영사를 맡은 것은 바로 그런 위험을 보여주는 상징적인 예이다. 그러나 이런 결과가 반드시 나온다는 얘기는 결코 아니다.

명제 7 : 환경을 지키는 것은 자본주의에 도전하는 것이다.

노동운동과 사회운동의 결합은 그저 한때 지나가는 현상이 아니다. 그러한 결합을 떠받치는 구조적 현실이 있기 때문이다. 그런 현실은 환경운동의 경우 가장 명백하게 나타난다. 한 세대 전에 자본이 마땅히 받아야 할 제약으로부터 풀려난 것이 지구상의 모든 생명체를 좌우하는 자연환경의 지속적이고 대재난에 가까운 파괴를 낳는 데 실질적으로 기여하였다. 중도 좌파 정치인들은 이러한 과정을 중단시키고 역전시키겠다고 약속하였지만, 그 약속이 그저 선의의 표현에 그치지 않고 그 이상의 것이 되도록 무언가 근본적인 조치를 취할 의지는 전혀 보여주지 않고 있다. 이런 상황은 우선 서방의 유권자들이 환경을 해치는 습관, 무엇보다도 특히 개인 소유 자동차에 의존하는 습관에 젖어 있음을 보여준다.

그러나 더 근본적으로 보면 제3의 길 정치인들은 그와 같은 개인적 습관을 떠받치는 자본주의적 힘의 구조에 맞서려는 의지를 갖고 있지 않다. 몇 회 연달아 유엔 총회에서 각국에게 엄격한 오염물질 배출 축소 목표치를 부과하려는 제안이 나오자 이를 막기 위해 미국의 다국적기업들이 반대운동을 벌였는데, 클린턴 행정부는 이 운동을 진두지휘하였다. 예상 밖의 일이었지만, 블레어 정부는 발전소에서 사용하는 연료를 석탄에서 천연가스로 교체한 덕분에 1997년 교토 회의에서 할당된 목표치를 조기에 달성하게 되었는데, 그렇게 해서 절약된 "탄소배출권"—오염시킬 권리—을 교토에서 제안된 거래 제도에 의거하여 미국에 팔려고 하였다. (배출권 거래 자체가 시장의 힘이 어떻게 삶의 모든 측면에서 관철되고 또 그것을 왜곡시키는지를 잘 보여준다. 이와 동시에 배출권 거래는 미국 경제가 전체 온실 가스 배출량의 24%를 내뿜는 것을 허용하는 장치이다.)[41] 이 양국 정부는 환경에 엄청난 피해를 줄 가능성이 있음에도 불구하고 유전자 조작 유기물의 유럽 반입을 밀어붙이고 있다.

환경을 구하기 위해 필요한 조치와 자본 재생산의 필요조건이 서로 조화를 이룰 수 있다고 보기는 어렵다. 국내 수준에서 볼 때, 개인 소유 자동차를 없애거나 그 사용을 크게 줄이는 조치는 우선 대중교통에 대한 대규모 투자가 선행되어야 한다. 이렇게 되면 신자유주의 경제정책이 요구하는 지출삭감 목표가 무너질 것이고, 또 더 일반적으로 말해서 정책결정이나 정치적 논쟁에서 공공부문의 위상과 위신이 높아질 것이다. 다른 한편으로 그런 조치는 현상(現狀)을 깨는 데 걸려 있는 특정 자본의 이해관계, 특히 석유회사나 자동차 제조업체 같은 화석연료 관련 자본의 이해관계와 충돌한다. 다른 한편으로 국제 수준에서 볼 때 오염물질 배출 감시, 조림(造林)사업, 대체 교통수단 및 에너지원 개발 등 온실효과 차단을 위한 국제적 조치들은 집단적 합의에 기반을 둔 새로운 자원배분 제도 같은 것을 설립하는 방향으로 발전할지 모른다. 이런 제도는, 만일 완전히 한물 간 용어가 아니라면, '계획'이라 부르고 싶은 유혹을 느끼게 하는 제도이다. 이제 "생명정치"는 반자본주의 정치로 될 수밖에 없다.[42]

명제 8 : 대안적 사회 모델이 반자본주의 운동에서 떠오를 것이다.

사회주의적 계획경제는 소련과 기타 스탈린주의 국가들의 관료적 명령경제가 붕괴됨에 따라 신뢰를 잃었다. 이 실패가 신자유주의 옹호자들에게 반자본주의에 대한 비판의 기준을 제공해 주었다. 즉 자본주의의 대안이 무엇인가라는 질문에 답변을 해야 한다고 요구하는 것이다. 앞의 개설에서 이미 보았듯이 기든스가 "사회주의의 죽음"이라 표현한 것이 제3의 길의 출발점이다. (그가 죽었다고 말한 사회주의는 내가 경제적 국가주의라 부르는 것, 즉 민족국가에 의해 조종되는 경제체계의 죽음이다.)

어떤 면에서 보면 반자본주의자들에게 자본주의의 대안을 구체적으로 제시하라고 요구하는 것은 어느 누구도 거부할 수 없는 전적으로 정당한 요구이다. 그러나 "현존 사회주의" 붕괴 이후 이런 요구가 제기되는 이면에는 대안에 대한 논쟁을 끝내자는 의도가 숨어 있다. 우리에게 제시된 선택은 신자유주의냐 경제적 국가주의(대개 스탈린 식의)냐 둘 중 하나의 선택이 아니냐는 것이다. 이런 태도는 이 둘 외의 다른 모든 가능성을 봉쇄하는 것일 뿐만 아니라, 사회주의의 한 특수한 변종을 가지고서 다른 모든 종류의 사회주의—개혁적 · 혁명적 · 유토피아적 · 무정부적 사회주의—를 불신하도록 만드는 것이다. 이런 다양한 사회주의들이 각기 다른 목소리를 내지만 스탈린주의에 대한 적대감에서는 공통성을 보이고 있음에도 불구하고 말이다.

반자본주의 운동의 등장은 이런 바보 같은 논쟁을 끝낼 기회를 주고 있다. 이 운동의 내부가 매우 복잡하고 일관성이 없다는 사실—즉 다양한 종류의 이데올로기적 조류, 녹색운동가, 사회주의자, 제3세계주의자, 무정부주의자 등이 혼재한다는 사실—자체가 다양하고 서로 양립할 수 없는 대안 모델들의 개발을 고무할 것이다. 우리는 새 모델을 이론적으로 가다듬고 실천적으로 이행하려는 노력을 통하여 자본주의를 초월할 수 있는 훨씬 더 명료한 의식을 발전시킬 수 있을 것이다.

명제 9 : 자본주의를 초월하기 위해서는 사회의 혁명적 변혁이 필요하다.

명제 8에서의 주장을 그대로 인정한다 하더라도 현 시기 반자본주의 운동 진영의 자세에는 우리가 반드시 대처해야 할 모호함이 있다. 자연히 우리의 비판은 자본주의의 한 특수한 변종, 즉 신자유주의가 보편화하려고 하는 영미 식 자본주의에 초점을 맞춘다. 이렇게 하다 보니 대안이 또 다른, 더 인도적이고 민주적인 형태의 자본주의—예컨대 유럽 대륙과 일본을 염두에 둔 이른바 라인란트 식 규제 자본주의 모델 같은 것—인지 아닌지가 불분명하다. 그리고 일체의 자본주의를 대체하고자 하는지도 불분명하다. 예를 들어 부르디외, 라퐁텐 같은 일부 제3의 길 비판자들은 라이란트 식 자본주의의 국제판, 즉 EU가 민족국가 수준에서 제공하지 못하는 규제를 제공하는 식의 자본주의를 옹호하는 듯하다. 앞의 1절에서 제시한 이유로 나는 이것이 현실적 전략이 되지 못한다고 본다.[43]

내가 볼 때 문제는 특별한 버전의 자본주의보다 더 깊은 곳에 있다. 자본축적의 논리에서 비추어 볼 때 인간과 지구 자체를 사용하고 또 필요시 파괴할 수 있는 원료로 취급하는 것은 당연한 것이다. 20세기 중반에 자본주의에게 부과되었던 제약들이 지난 20년 동안 체계적으로 제거되자 그런 현실이 더 날카롭게 부각되었다. 우리가 해야 할 일은 자본의 논리 그 자체와 결별하는 것, 그것을 다른 것으로 대체하는 것이다. 이를 테면 적어도 인간적 욕구에 우선권을 주는 것, 자원배분을 민주적 절차에 복종시키는 것 정도는 되어야 한다. 전통적으로 이런 조건에 부합하는 사회를 "사회주의"라 부른다. 백악관 출입증을 얻는 데 필요한 것이 무엇이건 간에 나는 계속 이 단어를 사용하고 또 그런 이름을 가진 사회를 추구할 것이며, 여기에 잘못된 것이라고는 전혀 없다.

그런 사회를 실현하는 것은 매우 힘든 작업일 것이다. 그것은 하나의 혁명, 다른 말로 하면 한 사회의 체계적 변혁 혹은 사회적 논리의 교체를 뜻한다. 제3의 길이라는 아이디어는 그러한 봉기가 일어날 것 같지도 않고 바람직하거나 필요하지도 않다고 믿는 사람들에게 매력적인 아이디어이다. 그러나 우리가 이미 보았듯이 제3의 길은 그 안에 숨어서 자본주의가 그 잔인하고 파괴적인 길을 계속 걸을 수 있게 해주는 이데올로기적 외피에 불과한 것이다. 현재 나타나고 있는 대로 이 세계의 진짜 병을 드러낸다는 것은 이미 많은 사람들이 포기한 길, 이제는 무시되고 있는 그런 길을 걷는다는 것을 뜻한다. 그러나 나는 믿는다. 이 길이 20세기를 그 끔찍한 악몽으로 만든 공포가 버전을 바꾸어 21세기에도 반복되는 것을 막기 위한, 그럴 희망이라도 가져 볼 수 있는 유일한 길이라는 것을.

후기後記

제3의 길이라는 아이디어가 지닌 매력은 과거로부터 물려받은 막다른 골목에서 빠져나올 수 있다는 약속을 제시한다는 데 있다. 스탈린주의와 대처리즘이라고 하는 고약한 대안들을 맞닥뜨리고 보면 어느 누가 제3의 길을 좋아하지 않겠는가? 이러한 해방의 약속 외에 동측 진영의 붕괴와 경제적 세계화의 충격으로부터 형성된, 우리가 현재 새로운 시대에 살고 있다는 의식이 추가되어 있다. 이렇게 해서 만들어진 칵테일 때문에 실제로 존재하는 3의 길에 대하여 정당한 의심을 품고 있는 사람들조차 그 어딘가에 아직 우리가 발견하지 못한, 좀더 그럴 듯한 버전의 제3의 길이 없을까 찾고 있는지 모른다.[1]

이 책의 결론은 우선 현재 제시된 제3의 길이 좌파에게 매력적인 옵션이 아니라는 것이다. 그것은 신우파의 신자유주의 정책과의 결별이 아니라 그런 정책을 답습하고 심지어 더 급진화하였다. 블레어 정부는 전대 보수당 정부도 감히 시도하지 못했을 정도로 민영화를 추진하였다. 물론 유익한 조치가 전혀 없었다고 말할 수는 없지만, 그런 조치들은 사회생활의 모든 구석까지 시장관계를 침투시킨 조치들에 파묻혀 전반적 균형으로 보면 크게 한쪽 방향으로 쏠려 있는 상태이다. 미국과 영국의 제3의 길 사회정책이 지닌 잔인성은 1990년대 경제 붐 효과로 표면화되지 못했다. 만일 1990년대 후반에 미국의 실업률이 그토록 급속하게 떨어지지 않았다면 복지"개혁" 하나의 충격만 해도 정말 끔찍했을 것이다. 그러나 장차 경기침체가 닥쳐 일자리를 잃게 될 사람들은 과거 레이건과 대처 시절 일자리를 잃은 사람들의 경우에 비해 훨씬 더 혹독한 시장의 잔혹함에 그대로 노출될 것이다.

이 책의 두 번째 핵심 논지는 세계경제와 정치 둘 다가 지닌 연속성을 강조하는 것이다. 나의 주장 가운데 세계의 경제적 통합이 한 세대 전보다 훨씬 높은 정도로 이루어졌다는 사실을 부인하는 대목은 어디에도 없다. 이와 마찬가지로 냉전 종식과 소련 붕괴의 결과로 국제 정치질서가 중대한 변화를 겪었다는 사실을 부인하는 것은 바보나 할 짓이다. 그럼에도 불구하고 그러한 변화의 한계를 이해하는 것이 중요하다. 특히 "신경제"를 옹호하기 위한 주장들은 크게 과장되어 있다. IT혁명 덕분에 자본주의가 경기순환을 극복한 것은 아니다. 오히려 1990년대 초 이래 미국의 대외팽창이 지닌 열병 같은 특성 혹은 투기꾼 같은 특성을 감안하면 지금 우리는 더 심각한 경제적 불안정의 시대로 들어가고 있는 것 같다. 그런 한편으로 국제정치는 모순 경향을 보이고 있다 : 한편으로, 주요 국제기구들의 역할이 더 커진 것은 미국 주도 하에 서방의 자원을 동원하고 또 서방 세계 내부의 갈등을 규제할 목적으로 고안된 미국의 전략을 반영하는 것이다. 다른 한편으로, 냉전의 족쇄가 풀림에 따라 강대국들의 움직임이 훨씬 더 복잡해지고 예측 불가능해진 상황이 등장하였다. 이 두 가지 경향의 밑바닥에는 여전히 국가 간의 긴장에 의해 쪼개진 국제체계가 놓여 있다. 칸트의 "영구평화"와 마찬가지로 롤스의 "인민의 법"이 실현될 날은 너무나 멀다.

아직도 자본축적의 논리에 의해 지배되고 있는 이 세계에서 좌파는 어디에 서 있는가? 제3의 길 뒤편에는 자본주의 개혁을 위한, 세기에 걸친 장기적인 노동운동이 있다. 제3의 길은 사회민주주의를 혁신하기는커녕 개혁적 좌파라고 하는 정치적 자본을 동원하여 실질적인 개혁을 일체 포기하고 그 대신 신자유주의를 포옹하는 내용의 프로젝트를 지지하게 만들고자 하였다. 그렇다고 해서 더 전통적인 개혁주의가 죽은 것은 아니다. 이미 지적하였듯이 부르디외, 하버마스, 라퐁텐 같은 사람들은 사회민주주의를 유럽 무대로 옮기는 방식으로 사실상 사회민주주의 재건을 추구하고 있다.

그러나 다시 살아난 개혁주의는 사회민주주의가 처음 꽃피었을 때의 상황과 크게 다른 상황에 직면해야 한다. 개혁의 기구(機構) 문제가 특히 첨예한 문제이다. 전통적으로 사회민주주의는 민족국가를 변화의 틀이자 도구로 간주하였다. 경제적 세계화가 민족국가의 힘을 완전히 제거한 것은 아니지만, 민족국가의 활동범위는 20세기 중반 경제적 자급자족 시대에 비해 훨씬 더 축소되었다. 이와 동시에 IT혁명의 진짜 효과 가운데 하나라 할 통신시설의 비약적 발전이 이루어졌고, 이와 더불어 신자유주의 정책을 세계적으로 부과하려는 움직임이 거세졌는데, 이런 움직임은 국제적 저항운동의 발전을 촉진하였다. 이것이 뜻하는 것은 EU보다 더 넓은 정치무대가 형성되었다는 것이다.

나는 반자본주의의 의미를 분명히 하려는 노력으로 앞의 4장 2절에서 9개의 명제를 제시하였다. 개혁적 접근방법에 동참하는 사람이라면 원칙상 9개 명제 가운데 일부 혹은 전부를 받아들이지 못할 이유가 전혀 없다. 1930년대에 스태포드 크립스(Stafford Cripps) 같은 좌파 노동운동가는 헌법적 수단으로 자본가들의 반발을 누르고 사회주의적 개혁 프로그램을 강행하는 정부를 꿈꾸었다.[2] 이런 전략의 한 변종으로서 일련의 구조적 개혁의 누적적 효과로 세계 자본주의를 근본적으로 변혁하자는 방안도 있다.[3] 이와 같은 광범한 전략적 고려 외에 구체적인 개혁조치를 요구하는 것도 정치적 반향을 불러일으키고 있다. 예컨대 여론조사 결과를 보면 영국 철도의 재국유화에 대한 대중의 강한 지지가 흔들리지 않고 있다.

진정한 좌파 혁신과 동시에 우리가 할 수 있는 것 가운데 하나는 세계 자본주의 시대에 강인한 형태의 사회민주주의를 세울 수 있는 새로운 차원에 대한 모색이다. 이런 작업은 비록 전통 사회주의 용어를 사용하지는 않지만 어느 면에서 이미 시작되었다고 할 수 있다. 4장에서 지적하였듯이, 제3세계 부채와 WTO에 반대하는 국제적 운동의 한가운데 서 있는 NGO들은 점차 전통적 개혁주의자들의 딜레마에 봉착하게 되었다. 즉 국제 자본주의 기구들의 개혁을 추구할 것인가 아니면 그 철폐를 추진할 것인가 하는 딜레마 말이다. 만일 그런 NGO들이 개혁을 추구한다면 예컨대 IMF나 세계은행과의 대화, 결국은 포섭으로 이어질 그런 대화를 어떻게 거부할 수 있을까?

그러므로 제3의 길의 파산이 사회민주주의의 죽음과 동일한 것은 아니다. 자본주의가 불의와 불안정을 만들어내는 한 자본주의 개혁을 요구하는 운동은 계속 나오게 되어 있다. 그러나 내가 볼 때 이런 운동은 원래부터 개혁운동에 내재된 고전적 위험에 직면하게 될 것이다. 특히, 이미 지적하였지만 자본주의 재생산의 요구조건이 개혁운동이 달성할 수 있는 범위에 한계를 그을 것이다. 그런 한계에 직면했을 때 개혁운동은 더 공정하고 인간적인 세계의 실현을 포기할 것인가, 아니면 자본주의 자체의 제거를 추구할 것인가 선택을 해야만 한다. 후자의 길을 선택한다면 역시 기구 문제에 직면하게 된다. 후자의 길은 사회의 민주적 재건을 추구하는 조직노동자 계급 중심의 대중운동을 요구한다. 오직 그래야만 경제와 국가에서 자본가들이 차지하고 있는 권력의 중심들에 대하여 효과적으로 도전할 수 있게 된다.[4]

그러나 그런 옵션은 흔히 사회민주주의 진영이 처음 채택한 것이었다는 점, 바로 이 점이 사회민주주의의 비극이다. 개혁적 정부가 자본에 굴복하는 모습을 보인 것에 대한 대중의 염증 덕분에 신우파와 제3의 길이 신자유주의 정책을 강행할 수 있는 분위기가 조성되었다. 그러나 역사는 감옥이 아니다. 과거가 끝없이 반복될 필요는 전혀 없다. 시애틀에서 시작된 반자본주의 운동이 새로운 좌파가 등장할 수 있는 조건을 창출하고 있다. 새로운 좌파는 사회의 민주적 변혁을 추구함으로써, 인민대중이 자기 삶에 대한 통제권을 가지고 또 이 세계의 문제를 직시하는 데 필요한 정치적 형태를 개발하는 그런 사회적 변혁을 추구함으로써 이제 막다른 골목에 이른 제3의 길의 진정한 대안을 제시할 수 있을 것이다.

주(註)

개설

1 이 구호는 슈뢰더보다 훨씬 더 전통적인 사회민주주자인 Willy Brant가 1972년에 만들어낸 것이다. Oscar Lafontaine, *The Heart Beats on the Left* (Cambridge, 2000), p. 42.

2 "Remarks by the President on Social Security," 9 February 1998, www.whitehouse.gov, p. 2.

3 A. Giddens, *The Third Way*(Cambridge, 1998), ch. 1.

4 A. Davidson, "The Natty Professor," The Business (*Financial Times* Business Magazine), 11 March 2000.

5 Giddens, *The Third Way and Its Critics*(Cambridge, 2000), pp. 32–33.

6 Jürgen Habermas, "The European Nation–State and the Pressure of Globalization," *New Left Review*, I (235), 1999, p. 54.

7 Norberto Bobbio, *Left and Right*(Cambridge, 1996), p. 107 n. 6.

8 J. R. MacDonald, *Syndicalism*(London, 1912), pp. 68–69. 이 각주와 관련하여 나는 David Stack에게 감사한다.

9 P. Drucker, *Max Shachtman and His Left*(Atlantic Highlands, NJ, 1994).

10 Peter Sedgewick, "Varieties of Socialist Thought," in B. Crick and W. A. Robson, eds, *Protest and Discontent*(Harmondsworth, 1970), p. 37.

11 C. Harman, *The Fire Last Time*(London, 1988) 참조.

12 Giddens, *The Third Way*, pp. 2–3.

13 Karl Marx and Friedrich Engels, *Collected Works*, XXIV (London, 1989), p. 94.

14 Giddens, *The Third Way*, pp. 4–5.

15 Ibid., p. 15.
16 Perry Anderson, "Renewals," *New Left Review*, II(1), 2000, p.11
17 Giddens, *Third Way and Its Critics*, p. 34.
18 Gordon Brown, "Labour Party Conference Speech, Brighton," 25 September 2000, www.labour.org.uk, p. 6.
19 "Europe : The Third Way/Die Neue Mitte–Tony Blair and Gerhard Schröder," 8 June 1998, www.labour.org.uk, p. 1.
20 A. Carling, "New Labour's Polity," *Imprints*, 3, 1999 ; A. Callinicos, *Equality* (Cambridge, 2000), chs. 3 and 4 참조.
21 Giddens, *Third Way and Its Critics*, p. 31.
22 "Intervention du Premiere ministre aux Journées parlementaires du Groupe socialiste," 27 September 1999, www.premiere–ministre.gouv.fr, p. 6.
23 "Discours de M. Lionel Jospin, Premiere ministre, devant le Congrès de l'Internationale socialiste," 8 November 1999, www.premire–ministre.gouv.fr, p. 6.
24 A. Rawnsley, *Servants of the People*(London, 2000) ; D. Macintyre, *Mandelson and the Making of New Labour*(rev. edn, London, 2000) 참조.
25 이 공동선언은 B. Hombach, *The Politics of the New Center*(Cambridge, 2000)의 부록으로 실려 있다.
26 A. Callinicos and M. Simons, *The Great Strike*(London, 1985) 참조.
27 Blair, "Values and Power of Community," speech to the Global Ethics Foundation, Tübingen University, 30 June 2000, www.number–10.gov.uk, p. 4.
28 Jeffrey C. Isaac, "Intellectuals, Marxism and Politics," *New Left Review*, II (2), 2000, p. 11. 그리고 Callinicos, "Impossible Anti–Capitalism?" ibid. 참조.

1장 우주의 주인들

1 Joe Klein, *Primary Colors*(London, 1996), pp. 161–162.
2 D. Held, A. G. McGrew, D. Goldblattand J. Perraton, *Global Transformations*(Cambridge, 1999), p. 2.
3 *Financial Times*, 22 and 23 May, 1995.

4 Blair, "Values and Power of Community," speech to the Global Ethics Foundation, Tübingen University, 30 June 2000, www.number−10.gov.uk, p. 3.

5 Giddens, *Runaway World*(London, 1999), pp. 12, 13.

6 Ibid., pp. 8−9.

7 예를 들어 A. Callinicos, *Against Postmodernism*(Cambridge, 1989), pp. 132−144 ; W. Hutton, "Myth That Sets the World to Right," *Guardian*, 12 June 1995 ; "The Myth of the Powerless State," *The Economist*, 7 October 1995 ; M. Mann, "As the Twentieth Century Ages," *New Left Review*, I(214), 1995 ; M. Wolf, "The Global Economy Myth," *Financial Times*, 13 February 1996 ; P. Hirst and G. Thompson, *Globalization in Question*(Cambridge, 1996) ; C. Harman, "Globalization : A Critique of a New Orthodoxy," *International Socialism*, 2(73), 1996 ; L. Weiss, *The Myth of the Powerless State*(Cambridge, 1998) ; K. N. Waltz, "Globalization and American Power," *The National Interest*, 59, 2000 등을 참조하라.

8 Nigel Harris, *The End of the Third World*(London, 1986) ; Fredric Jameson, *Postmodernism, or the Cultural Logic of the Late Capitalism*(London, 1991) ; Perry Anderson, *The Origins of Postmodernity*(London, 1998).

9 Held et al., *Global Transformations*, p. 2.

10 Ibid., p. 16.

11 Ibid., p. 414.

12 J. K. Galbraith, *The Great Crash 1929*(London, 1979) 참조.

13 Held et al., *Global Transformations*, p. 7.

14 Martin Wolf, "The Need to Look the Long Term," *Financial Times*, 16 November 1987 참조.

15 Hirst and Thompson, *Globalization in Question*, esp. chs 2−4.

16 Held et as, Global Transformations, pp. 219, 260. 같은 책의 3−5장도 참조.

17 Harman, "Globalization," p. 9.

18 Ibid., pp. 9−14.

19 M. Castells, *The Rise of the Network Society*(The Information Age, Vol. 1, 2nd edn, Oxford, 2000), pp. 135, 137, 147. Linda Weiss는 경제적 행위자로서 국가의 현재 역할을 강조하기 위하여 몇 개 선진국 경제를 비교 연구한 바 있다. *The Myth of the Powerless State* 참조. 그러나 국가와 자본 간의 "통치된 상호 의존"에 대한 Weiss의 설명은 이 개념이 지닌 이중적 지위 때문에 설명력이 약해진다. 이 개념은 분석 모델이라는 측면과

정책 제안이라는 측면을 뒤섞어 놓은 듯한 개념이기 때문이다.

20 Karl Polanyi, *The Great Transformation*(Boston, 1957).

21 Bob Woodward, *The Agenda*(New York, 1994), p. 84.

22 Ibid., p. 165.

23 Christopher Hitchens, *No One Left To Lie To*(London, 1999), p. 81.

24 Robert R. Reich, *Locked in the Cabinet*(New York, 1998), p. 341.

25 Robert Pollin, "Anatomy of Clintonomics," *New Left Review*, II(3), 2000, pp. 17-18.

26 Castells, *Rise of the Network Society*, p. 140. Peter Gowan은 이런 정책들을 미국의 경제적 지도권 유지를 위한 일관된 전략으로 풀이한다. *The Global Gamble*(London, 1999), ch. 5 참조.

27 이런 해석과 달리 Hitchens는 "클린턴이 권력의 한계를 마지못해서나마 인정하였기 때문에 이 모든 일(공화당 식 정책들을 집행한 일)을 했다고 말하는 것은 공평하지 않다"고 주장한다. *Mother Jones*, September/October 2000. 그러나 Woodward가 묘사한 클린턴의 좌절과 분노 장면들은 신빙성이 있는 것 같다.

28 Harold Wilson, *The Labour Government : A Personal Record*(Harmondsworth, 1974), p. 65. Ben Pimoltt, *Harold Wilson*(London, 1993), ch. 16 참조.

29 *Financial Times*, 13 March 1999. Lafontaine 자신이 남긴 사임에 대한 설명은 The *Heart Beats on the Left*(Cambridge, 2000), 특히 16장 참조.

30 Blair, "Values and the Power of Community," p. 2.

31 사실 Leadbeater는 제3의 길 공식으로부터 일정한 거리를 두고자 했다. *Living on Thin Air*(London, 2000), p. 17. 그러나 자본주의와 사회정의를 화해시킬 수 있다는 그의 주장은 제3의 길 사고의 핵심 부분이다.

32 Ibid., pp. 228, 167, 18.

33 Ibid., p. 41.

34 Castells, *Rise of the Network Society*, p. 69.

35 Leadbeater, *Living on Thin Air*, p. 114. George Monbiot는 이런 약탈 과정의 한 충격적인 사례를 들고 있다. 즉 기업들이 영국의 과학계에 침투해 있다는 것이다 : *Captive State*(London, 2000), ch. 9.

36 Leadbeater, *Living on Thin Air*, pp. 167, 230, 235, 241.

37 Ibid., pp. ix, 61.

38 Ibid., pp. 220, 1.

39 Castells, *Rise of the Network Society*, p. 502.

40 Ibid., pp. 16. 역사유물론의 기본 개념들에 대해서는 G. A. Cohen, *Karl*

Marx's Theory of History(Oxford, 1978) ; A. Callinicos, *Making History*(Cambridge, 1987), ch. 2 참조.

41 Castells, *Rise of the Network Society*, p. 17.

42 Ibid., p. 19.

43 Robert Brenner, "The Social Basis of Economic Development," in J. Roemer, ed., *Analytical Marxism*(Cambridge, 1987), ch. 2.

44 종종 기술혁신은 경제적 경쟁이 아니라 군사적 경쟁에 의해 이루어지기도 한다. 이런 사실을 무시한다는 점에서 이 주장은 지나치게 편협한 주장일 수 있다. 이런 점들로 인하여 브레너의 역사 이론 전체가 약점을 보이고 있다. 이 문제에 대한 논의는 다른 곳에서 전개한 바 있다 : *Theories and Narratives*(Cambridge, 1995), pp. 128–140. 그러나 그렇다고 해서 카스텔스에 대한 나의 비판이 무효로 되는 것은 아니다.

45 Castells, *Rise of the Network Society*, p. 94. 이 주장이 너무 강한 주장이라면 이건 어떨까? 높은 생산성과 경쟁력의 추구가 기술혁신의 동기가 될지 모르지만 그 결정요인은 아니다. 왜냐하면 기술혁신의 결과로 생산성 증대가 이루어질 수도 있기 때문이다. 생산성 증대의 비율은 자본가의 욕구 하나만으로 환원되지 않는 다른 많은 요인들에 의해 결정된다.

46 Ibid., p. 25.

47 Callinicos, *Against Postmodernism*, pp. 121–127 참조.

48 Castells, *Rise of the Network Society*, p. 60.

49 Ibid., pp. 180, 187.

50 Ibid., pp. 208, 210.

51 Ibid., p. 209.

52 *Financial Times*, 4 October 2000.

53 Castells, *Rise of the Network Society*, pp. 369–370.

54 Richard Tomkins, "Dotcoms Devoured," *Financial Times*, 23 October 2000.

55 Castells, *Rise of the Network Society*, pp. 29, 151.

56 Robert. J. Gordon, "Has the 'New Economy' Rendered the Productivity Slowdown Obsolete?" 14 June 1999, www.econ.northwestern,edu, p. 2에서 재인용.

57 Castells, *Rise of the Network Society*, pp. 92, 80–94. "신경제"에 대한 논쟁을 일목요연하게 정리한 것은 Gerald Baker가 쓴 일련의 기사를 참조하라. *Financial Times*, 13–20 December 1999.

58 Gordon, "Has the 'New Economy' Rendered the Productivity Slowdown

Obsolete?" passim.

59 Idem, "Does the New Economy Measure Up to the Great Inventions of the Past?" 1 May 2000.

60 Brenner, "Uneven Development and the Long Downturn," *New Left Review*, I(229), 1998. 이 논문에 대하여 마르크스주의 경제학자 및 철학자들은 매우 광범하게 비판한다. 그러나 수익성의 위기라고 하는 기본 테마에 대해서는 도전하지 않는다. *Historical Materialism*, 4 and 5 참조.

61 마틴과 고들리의 분석은 필립앤드류 연구보고서 형태로 두 사람 공동명의로 작성된 "America and the World Economy" (December 1998) 및 "America's New Era" (October 1999), 그리고 발표문 형태의 Martin, "America's New Era Revisited" (13 April 2000), 논문 형태의 Godley, "What If They Start Saving Again?" *London Review of Books*, 6 July 2000 등을 참조한 것이다.

62 Samuel Brittan, "Nonsense on Stilts," *Financial Times*, 13 May 1999.

2장 도덕의 수호자들

1 Slavoj Žižek, "Attempts to Escape the Logic of Capitalism," *London Review of Books*, 28 October 1999, p. 7.

2 "Remarks by the President and Other Participants in Democratic Leadership Forum The Third Way : Progressive Governance for the Twenty First Century," 25 April 1999, www.whitehouse.gov, pp. 26–27.

3 Ibid., p. 5.

4 Blair, "The Conservative Party Seems Neither to Understand Nor to Act Upon the Concept of Duty," *The Spectator*, 25 March 1995, p. 18.

5 Idem, "Values and the Power of Community," speech to the Global Ethics Foundation, Tübingen University, 30 June 2000, www.number-10.gov.uk, p. 4. 신노동당의 사상에서 종교적 신념이 어떤 역할을 차지하는지는 신중하게 검토해야 할 문제이다. 블레어와 내각의 각료들 다수가 기독교도임을 자랑스럽게 드러낸다. 그러나 다른 종류의 기독교 사회주의도 있다. 예를 들어 구좌파의 화신이라 할 Tony Benn의 기독교 사회주의 같은.

6 N. Bobbio, *Left and Right*(Cambridge, 1996), p. 82.

7 나는 *Equality*(Cambridge, 2000)에서 이 주제를 훨씬 더 상세하고 또 (희망컨대) 더 깊이 있게 다루었다.

8 A. Giddens, *The Third Way and Its Critics*(Cambridge, 2000), pp. 85, 120.

9 Callinicos, *Equality*, pp. 52–79 참조. 그러나 주어진 상황과 선택의 차이에 대한 훨씬 더 섬세한 논의는 G. A. Cohen, "The Currency of Egalitarian Justice," *Ethics*, 99, 1989 ; J. Roemer, *Theories of Distributive Justice* (Cambridge, MA, 1996) ; R. Dworkin, *Sovereign Virtue*(Cambridge, MA, 2000) 참조.

10 Stuart White, "What Do the Egalitarians Want?" in J. Franklin, ed., *Equality* (London, 1999), pp. 70–71.

11 G. Brown, "My Vision of Fairer Britain for Everyone," *Times*, 3 June 2000.

12 "Remarks by the President and Other Participants in Democratic Leadership Forum," p. 17.

13 Brown, "The Politics of Potential," in D. Miliband, ed., *Reinventing the Left* (Cambridge, 1994), p. 116.

14 Idem, "The Conditions for Full Employment," MAIS Lecture by the Chancellor of the Exchequer, 19 October 1999, www.hm–treasury.gov.uk, p. 8.

15 예를 들어 S. Britton, *How to End the 'Monetarist' Controversy*(London, 1982)를 보라.

16 "Lecture by the Chancellor of the Exchequer to the Royal Economic Society," 13 July 2000, www.hm–treasury.gov.uk, p. 8.

17 Letter to H. D. Henderson, 28 May 1936, in *The Collected Writings of John Maynard Keynes*, XXIX(ed. D. Moggridge ; London/Cambridge, 1979), p. 222.

18 Nigel Lawson(1984), "The British Experiment," quoted in idem, *The View from No. 11*(London, 1992), pp. 414–5. 이보다 세련되지 못한 동어반복은 Brown, "Conditions for Full Employment," p. 5 참조.

19 로슨의 정책의 진화 과정은 *The View from No. 11*, chs 7, 8, 33, 36, 69, 78, 81 참조. 브라운이 계승한 이 정책에 대한 재무부의 상세한 방어 논리는 HM Treasury, "The New Monetary Framework," 19 October 1999, www.hm–treasury.gov.uk 참조.

20 "Lecture by the Chancellor of the Exchequer to the Royal Economic Society," p. 8.

21 Callinicos, *Equality*, pp. 88–104.

22 *Guardian*, 7 September 2000에서 재인용. 정부가 주관한 연구에서도 비슷한 그림이 나온다. *Persistent Poverty and Lifetime Inequality : the Evidence*, CASEreport 5/HM Treasury Occasional Paper No. 10, March 1999.
23 Giddens, *The Third Way*(Cambridge, 1998), p. 110.
24 HM Treasury, *Tackling Poverty and Extending Opportunity*, March 1999, p. 32.
25 Godfrey Hodgson, "The Big Boys," *Guardian*, 3 June 2000.
26 *Financial Times*, 27 May 2000 ; *Guardian*, 5 June 2000.
27 R. H. Tawney, *Equality*(4th edn, London, 1952), p. 157.
28 *Financial Times*, 13 April 2000.
29 *Guardian*, 14 July 2000.
30 *Financial Times*, 11 September 2000.
31 예를 들어 "Speech by the Chancellor of the Exchequer to the CBI Conference," 1 November 1999, www.hm-treasury.gov.uk, p. 4 참조.
32 John Plender, "Raider of Company Cashflow," *Financial Times*, 31 October 2000.
33 Philip Stephens, "A Chancelor Writing a Cheque for Change," ibid., 19 July 2000.
34 Samuel Brittan, "Fat Years after Lean Years," ibid., 20 July 2000.
35 W. B. Gallie, *Philosophy and the Historical Understanding*(London, 1964), p. 158, ch. 8. 본질적으로 논쟁적인 개념은 "평가적"인 것이어야 한다고 주장한다(ibid., p. 161). 평가적이라는 용어는 규범적이라는 용어보다 범위가 넓은 것인데, 이 용어에 관한 복잡한 얘기는 여기서의 논제와 별 관계가 없다.
36 Alan Carling, "New Labour's Polity," *Imprints*, 3, 1999 ; "What Do Socialists Want?" in M. Cowling and P. Reynolds, eds, *Marxism, the Millennium and Beyond*(Houndmills, 2000).
37 *Guardian*, 17 July 2000.
38 Blair, "The Conservative Party," p. 18.
39 Giddens, *Third Way and Its Critics*, p. 49.
40 R. Dworkin, "Rights as Trumps," in J. Waldron, ed., *Theories of Rights*(Oxford, 1984), pp. 153, 166.
41 물론 피해자나 그 가족에게 아무런 권리가 없다고 주장하는 것은 아니다. 스티븐 로렌스 사건이 잘 보여주듯이 그 사람들도 예를 들어 신속하고 효과적인 사건 수사를 요구할 권리가 있다. 그러나 이런 권리를

지나치게 자주 내세우는 것은 야만적이고 보복적인 처벌 요구를 은폐하는 위장막일 뿐이다.

42 Theodor W. Adorno, *Negative Dialectics*(London, 1973), p. 3.

43 David Selbourne, *The Principle of Duty*(London, 1973), pp. 3, 20.

44 Giddens, *Third Way and Its Critics*, p. 52.

45 Selbourne, *Principle of Duty*, p. 33.

46 Joseph Raz, *The Morality of Freedom*(Oxford, 1986), pp. 166, 167.

47 Ibid., p. 181.

48 J. Rawls, *Political Liberalism*(extended edn, New York, 1996). 라즈는 권리에 기반을 둔 도덕성을 "특정의 개인이 특정의 권리를 갖는다는 것을 기본원칙으로 삼는 도덕 이론"이라 정의한다. *The Morality of Freedom*, pp. 193-194. 형식상으로 보면 이런 정의는 롤스와 일치한다. 그러나 그런 이론을 "권리에 기반을 둔" 것이라 보는 것은 옳지 않다. 왜냐하면 이미 언급하였지만 롤스의 이론에서 권리는 정의의 원칙에서 '파생'되는 것이기 때문이다. 라즈는 그런 이론들이 도덕성에 대하여 지나치게 좁은 시각을 가지고 있다고 주장한다. 예를 들어 "권리에 기반을 둔 도덕성은 덕성(德性)의 본래적 가치나 수월성(秀越性) 추구 같은 것을 허용하지 않는다"고 주장한다. Ibid., pp. 195-196. 이것은 롤스 등의 이론에 대한 올바른 비판일는지 모르지만, 설령 그렇다고 하더라도 롤스의 이론을 "권리에 기반을 둔" 이론으로 부르는 것을 정당화하는 것은 아니다.

49 Raz, *Morality of Freedom*, pp. 205, 199. 자율이라는 이상에 대한 사회주의자들의 헌신적 태도와 공동체라는 이상에 대한 일부 현대 자유주의자들의 헌신적 태도를 감안할 때—예를 들어 W. Kymlicka, *Liberalism, Community, and Culture*(Oxford, 1989)를 보라—사회주의자들과 좌파 자유주의자들은 똑같은 가치를 공유하고 있는 것 같다(또한 이 사람들은 평등과 민주주의를 본래적 가치로 간주한다). Cohen은 다음과 같이 주장한다:

> 자유주의자들은 자본주의가 가능하고 또 바람직한 사회주의 사회를 위해 전복해야 할 착취 제도라고 믿지 않는다. 나는 그렇다고 믿는다. 이 점에서 나의 규범론적 태도는 자유주의자들의 태도와 구분된다. 그러나 나는 그것을 믿기 위하여 자유주의자들이 믿지 않는 모든 규범을 믿어야 한다고 생각하지는 않는다. 근본적인 규범 수준에서 차별성이 부족하다는 것과 규범론적 태도 수준에서 차별성이 부족하다는 것, 이 두 가지는 구분해

야 한다. ("Self-Ownership, History and Socialism," *Imprints*, 1, 1996, p. 13.)

그래서 대안으로 혹자는 평등주의적 자유주의자들을 비판할 때 자유주의자들의 가치들이 자본 재생산의 요건과 충돌하며 따라서 사회주의 사회에서나 달성될 수 있는 것들이라는 주장을 내세울 수 있다고 말한다. 예를 들어 A. E. Levine, *Arguing for Socialism*(London, 1984)을 보라.

50 Stuart Hall, "The Great Moving Right Show" (1979), reprinted in idem and M. Jacques, eds, *The Politics of Thatcherism*(London : 1983).

51 Andrew Gamble, "The Free Economy and the Strong State," in R. Miliband and J. Saville, eds, *The Socialist Register 1979*(London, 1979). 이 공식은 보수당 집권 시절의 경제적 개입을 과소평가한다는 올바른 비판을 받은 바 있지만 대처리즘 정책의 이데올로기적 합리화 논리의 핵심을 잘 포착한 것으로서 아직도 유효하다.

52 Cohen, *If You're an Egalitarian, How Come You're So Rich?*(Cambridge, MA, 2000), pp. 120, 128. 그리고 일반적인 논의는 ibid., chs 8-10 ; idem, "Incentives, Inequality, and Community," in G. B. Peterson, ed., *The Tanner Lectures on Human Values, XIII*(Salt Lake City, 1992) 참조.

53 Cohen, *Self-Ownership, Freedom, and Equality*(Cambridge, 1995), ch. 11.

54 Alasdair MacIntyre, *After Virtue*(London, 1981) ; *Whose Justice? Which Rationality?*(London, 1989) 참조.

55 "Speech by the Chancelor of the Exchequer to the CBI Conference," p. 4.

56 G. Monbiot, *Captive State*(London, 2000) 참조.

57 A. Rawnsley, *Servants of the People*(London, 2000), p. 309에서 재인용.

58 S. Žižek, *The Art of the Ridiculous Sublime*(Seattle, 2000), p. 32.

59 Rawnsley, *Servants of the People*, p. 105에서 재인용. 이 지저분한 사건에 대해서 지금까지 나온 것 가운데 가장 상세한 설명은 이 책 6장 참조.

60 Žižek, *Art of the Ridiculous Sublime*, p. 33.

61 Leadbeater, *Living on Thin Air*, p. 15.

62 Giddens, *Third Way*, p. 15. Idem, *The Consequences of Modernity*(Cambridge, 1990) ; *Runaway World*(London, 1999), ch. 3도 참조하라.

3장 인류의 구원자들

1 J. G. Ballard, *Super-Cannes*(London, 2000), p. 89.

2 T. Blair, "We are Fighting for a New Internationalism," *Newsweek*, 19 April 1999.

3 Blair, "Doctrine of the International Community," speech to the Economic Club of Chicago, 22 April 1999, www.fco.gov.uk, pp. 2, 3, 4.

4 Ibid., p. 9.

5 "PM's Statement on the Suspension of NATO Air Strikes against Yugoslavia," 10 June 1999, www.fco.gov.uk, p. 4.

6 Blair, "Doctrine of the International Community," p. 9.

7 훨씬 더 상세한 비판은 N. Chomsky, *The New Military Humanism*(London, 1999) ; L. German, ed., *The Balkans, Nationalism and Imperialism*(London, 1999) ; T. Ali, ed., *Masters of the Universe?*(London, 2000) 참조.

8 "Remarks by the President to AFSCME Biennial Convention," 23 March 1999, www.whitehouse.gov, p. 3.

9 John Sweeney, "Why Can't They See?" *Observer*, 30 May 1999.

10 J. Steele, "Serb Killings 'Exaggerated' by West," *Guardian*, 18 August 2000.

11 House of Commons Select Committee on Defense, *Fourteenth Report*, 23 October 2000, www.parliament.the-stationery-office.co.uk, para. 299.

12 "Remarks by the President to AFSCME Biennial Convention," p. 3. 강조는 나의 것임. 이 연설은 Peter Gowan의 탁월한 분석 "The Euro-Atlantic Origins of NATO's Attack on Yugoslavia," in Ali, ed., *Masters of the Universe?*의 출발점이 되었다.

13 러시아 정부와 끈이 있는 스웨덴 경제인 Peter Castenfeldt라는 사람이 이 거래를 중개하기 위하여 독일 고위 관리들과 협력하였다고 한다. 더 상세한 내용은 *Financial Times*, 14 June 1999 참조.

14 Edward N. Luttwak, "No-Score War," *Times Literary Supplement*, 14 July 2000.

15 A. Giddens, *The Third Way*(Cambridge, 1998), p. 70.

16 Idem, *Runaway World*(London, 1999), p. 18.

17 J. Rawls, *The Law of People*(Cambridge, 1999), passim ; quotation from pp. 37-38, 93 n. 6. 롤스는 다섯 번째 종류의 사회 즉 자비로운 전제주의도 들고 있지만(p. 92) 그의 논지에서 이것은 별로 중요하지 않다.

18 Ibid., pp. 48–49.

19 롤스는 각 사회들이 처해 있는 상황과 그 상황에 직면하여 각 사회가 취하는 선택 이 양자를 구분한다. Ibid., pp. 117–118. 이 점은 정의론에서 사막을 논한 부분과 상충된다. 사막을 논한 부분에서 롤스는 각 개인들이 취하는 선택이 예를 들어 개인이 전혀 통제할 수 없는 천부적 재능의 분포 같은 상황을 반영할 수밖에 없다고 주장하였다. 이런 논점과 관련하여 나는 Matt Matravers에게 사의를 표한다.

20 Rawls, *The Law of People*, pp. 52–53, 79. 민주국가들끼리 싸우지 않는다는 데 대한 광범한 논쟁을 비판적으로 정리한 것은 S. M. Walt, "Never Say Never," *Foreign Affairs*, January/February 1999 참조.

21 D. Held, A. G. McGrew, D. Goldblatt and J. Perraton, *Global Transformations*(Cambridge, 1999), pp. 443–444.

22 Michael Hardt와 Antonio Negri는 탁월한 새 저서 *Empire*(Cambridge, MA, 2000)에서 이러한 분석의 극좌파 버전을 제시한다. 이 두 사람은 경제적 · 문화적 세계화가 새로운 형태의 정치적 주권의 등장과 동시에 이루어지고 있다고 주장한다. 새로운 형태의 주권이란 미국까지 포함한 단일 제국주의국가의 지배로 환원시킬 수 없는 "제국"을 가리킨다. 지배영역에 아무런 경계선도 없다는 특징을 가진 이 제국은 고대 로마의 정치질서와 비교할만한 것이다. 헬드와 그 동료들이라면 이러한 변화에 긍정적인 평가를 내렸겠지만, 이 두 사람은 제국을 자본주의적 지배의 최종 형태로 간주한다. 이것은 노동자들의 투쟁과 반식민주의 투쟁에 의해 탄생한 것이며, 다국적 군중들(제국은 이 군중들의 창조적 에너지를 기생충처럼 착취한다)에 의존한다는 사실에서 나오는 항시적 위기 조건 하에서 탄생한 것이다. 두 사람의 이같은 분석은 탁월한 것임에 분명하지만 그럼에도 불구하고 좌파 자유주의자들의 "정치적 세계화" 이론들이 받는 것과 똑같은 근본적인 공격에 허점을 드러낸다. 즉 내가 이 장에서 보여줄 것이지만, 선진 자본주의 국가들 간의 정책 조정과 견해 차이 해소를 가능케 해주는 다자적 정치형태가 등장하였다고 해서 그것이 강대국 상호 간의 이익충돌을 없애주고 또 미국의 상대적 우위를 없애주었다는 증거는 어디에도 없다. 지금 우리가 보고 있는 것은 기껏해야 잡종 주권 개념과 강대국들이 내세우는 가치의 등장일 뿐이다. 이 잡종 주권 개념 하에서 강대국들은 자국의 국익 추구를 UN, NATO, EU 같은 초국가적 기구들을 이용하여 정당화한다. 그래서 Hardt와 Negri 두 사람이 제대로 보았듯이 인도적 개입이 "보편적 가치에 의해 정당화되는" "경찰권"을 요구하고 있는 것이다

(ibid., p. 18).

23 Held et al., *Global Transformations*, p. 43 ; table 1.1, ibid., pp. 44–45.

24 Ibid., p. 425.

25 Ibid., p. 426.

26 Robert O. Keohane, *After Hegemony* (Princeton, 1984), p. 31. 이 이론의 마르크스주의 버전은 G. Arrighi, *The Long Twentieth Century* (London, 1994) 참조.

27 Keohane, ed., Neorealism and Its Critics (New York, 1986).

28 예를 들어 R. G. Gilpin, *War and Change in World Politics*(Cambridge, 1981) 참조.

29 Charles Kindleberger, *The World in Depression 1929–1939*(Harmondsworth, 1987).

30 Keohane, *After Hegemony*, p. 135.

31 Nikolai I. Bukharin, *Imperialism and World Economy*(London, 1972) ; Callinicos, "Marxism and Imperialism Today," in Callinicos et al., *Marxism and the New Imperialism*(London, 1994) 참조. Held et al. 이 두 번째 글을 인용하고 있는데 논지를 이해하지 못한 것 같다. *Global Transformations*, pp. 3, 6 참조.

32 Keohane, *After Hegemony*, pp. 136–137.

33 R. Brenner, "Uneven Development and the Long Downturn," *New Left Review*, I (229), 1998, ch. 2.

34 F. Block, *The Origins of International Economic Disorder*(Berkeley and Los Angeles, 1977) 참조.

35 Brenner, "Uneven Development and the Long Downturn," pp. 197–204.

36 G. Achcar, "The Strategic Triad : USA, Russia, China," in Ali, ed., *Masters of Universe?*, p. 106.

37 Joseph S. Nye, Jr., *Bound to Lead*(New York, 1991).

38 Zbigniew Brezezinski, *The Grand Chessboard : American Primacy and Its Geostrategic Imperatives*(New York, 1997), p. 59.

39 Ibid., p. 46. 브레진스키는 미국의 유라시아 전략에서 "결정적으로 중요한 전략적 중심축" 명단 가운데 첫 번째 자리에 우크라이나를 놓고 있다. Ibid., p. 41.

40 Stratfor, "Finally, NATO Tests a Resurgent Russia–in Kiev," 2 March 2000, www.stratfor.com.

41 NATO 확장에 대한 비판적 논의는 J. Rees, "NATO and the New Imp-

erialism," in German, ed., *The Balkans* ; G. Achcar, "Rasputin Plays at Chess : How the West Blundered into a New Cold War," in Ali, ed., *Masters of Universe?* 참조.

42 Held et al., *Global Transformations*, ch. 2.

43 *Financial Times*, 9 February 1998.

44 R. Wade and F. Veneroso, "The Asian Crisis : The High Debt Model versus the Wall Street–Treasury–IMF Complex," *New Left Review*, I (228), 1998 ; P. Gowan, *The Global Gamble*(London, 1999), ch. 6 참조.

45 예를 들어 S. George, "À Seattle, le commerce avant les libertés," *Le Monde diplomatique*, November 1999 ; W. Bello, "Reforming the WTO is Wrong Agenda," in K. Danaher and R. Burbach, eds, *Globalize This!*(Monroe, ME, 2000) 참조.

46 A. Sinai, "Le Jour où le Sud se rebiffa," Le Monde diplomatique, January 2000.

47 D. Johnstone, "Humanitarian War : Making the Crime Fit the Punishment," in Ali, ed., *Masters of Universe?*, pp. 161–164 참조.

48 Brezezinski, *The Grand Chessboard*, p. 10

49 Ibid., p. 59.

50 Ibid., p. 198.

51 Martin Wight, *International Theory* (London, 1991), p. 210.

52 예컨대 Gilpin, *War and Change in World Politics*, p. 29 참조. Nye는 지나치게 기계적인 패권 이론들에 몇 가지 적절한 비판을 가하고 있다. *Bound to Lead*, part I 참조. 전근대 제국들의 힘의 한계에 대해서는 M. Mann, *The Sources of Social Power*, I (Cambridge, 1986), ch. 5 참조.

53 더 상세한 논의는 Keohane, *After Hegemony*, ch. 3 ; G. Achcar, "D'un siècle américain à l'autre : entre hégémony et domination," *Actuel Marx*, 27, 2000 참조.

54 P. Anderson, "Renewals," *New Left Review*, II (1), 2000, p. 12.

55 Stratfor, "The Putin Doctrine : Nuclear Threats and Russia's Place in the World," 17 January 2000, www.stratfor.com, p. 2.

56 *Financial Times*, 24 June, 2000.

57 Achcar, "The Strategic Triad," passim.

58 "Stratfor's Decade Forecast : 2000–2010 : A New Era in a Traditional World," 20 December 1999, www.stratfor.com, pp. 2, 3.

59 Stratfor, "Why It's Not a New Cold War : Secondary Powers and the New

Geopolitics," 6 March 2000, www.stratfor.com, p. 1.

60 "Stratfor's Decade Forecast," p. 4.

61 Stratfor, "Why It's Not a New Cold War," p. 6.

62 현실주의에 대한 중요한 비판은 J. Rosenberg, *The Empire of Civil Society* (London, 1994) 참조.

63 Wight, *International Theory*, p. 134에서 재인용.

64 A. de Waal, *Famine Crimes*(London, 1997).

65 Johnstone, "Humanitarian War," p. 150.

66 Ibid., pp. 164–5 ; Callinicos, "The Ideology of Humanitarian Intervention," in Ali, ed., *Masters of Universe?* 참조. 2000년 미국 대통령선거 운동 기간에 부시와 그 보좌관들은 엘 고어와 이임을 앞둔 클린턴 행정부가 옹호하는 인도적 개입 정책을 공격하였다. 스트랫포에 의하면 그러한 공격은

> 외교정책에 대한 논쟁의 시작이었다. 한쪽에는 강대국 경쟁이 끝났다고 보고 군사력을 사소한 지역적 소요에 대처하기 위한 경찰력 정도로 간주하는 사람들이 있고, 다른 한쪽에는 지난 10년간이 강대국 경쟁의 공백기일 뿐이고 따라서 대규모 전쟁에 대비한 군사력을 갖추어야 한다고 보는 사람들이 있다. ("A Last Foreign Policy Issue : Bush, Gore and Balkans," 23 October 2000, www. stratfor.com, pp. 5, 6.)

그러나 부시 행정부가 후자의 견해를 가졌다면 많은 친민주당 논객들이 예상한 바와 같이 그 때문에 부시 행정부가 고립주의로 후퇴할 것이라는 예상은 맞지 않았다. 미국 국익이 지구적 성격을 지닌다는 사실에서 나오는, 그리고 꽉 막힌 의회에서 중요한 국내정책의 변화를 달성하기 어렵다는 사실에서 나오는 객관적 압력 때문에 미국 대통령들은 적극적 외교정책으로 내몰리는 경향이 있다. 1992년 선거운동 기간 클린턴이 국내정책에 치중하겠다고 약속한 사실을 기억할 필요가 있다. 클린턴의 첫 번째 해외 개입—대재난으로 끝난 소말리아 파병—은 전임자 조지 부시 시니어로부터 물려받은 유산이었다. 인도적 개입이라는 이데올로기는 가볍게 버리기에는 너무나 유용한 정책 수단이다.

67 Johnstone, "Humanitarian War," pp. 164–165.

68 "Building 'a Bridge of Understanding' between Russia and the West : Edited Transcript of Press Conference Given by the Prime Minister, Tony Blair, and the Russian President-Elect, Vladimir Putin, Foreign and Comm-

onwealth Office, London," 17 April 2000, www.fco.gov.uk, p. 2.
69 Brezezinski, *The Grand Chessboard*, pp. 42, 43.

4장 대안

1 A. Callinicos, "World Capitalism at the Abyss," *International Socialism*, 2(81), 1998 ; P. Gowan, *The Global Gamble*(London, 1999), ch. 6 참조.
2 A. Giddens, *The Third Way and Its Critics*(Cambridge, 2000), pp. 37, 126, 127, 129. 그리고 idem, *The Third Way*(Cambridge, 1998), pp. 150–151 참조.
3 J. Habermas, "The European Nation–State and the Pressures of Globalization," *New Left Review*, I(235), 1999, p. 54.
4 Oskar Lafontaine, *The Heart Beats on the Left*(Cambridge, 2000), ch. 15.
5 Habermas, "European Nation–State," p. 58.
6 Idem, "Bestialität und Humanität : Ein Krieg an der Grenze zwischen Recht und Moral," *Die Zeit*, 29 April 1999, online edition (www.zeit.de), p. 2.
7 Joseph Stiglitz, "The Insider," *The New Republic*, 17 April 2000, online edition (www.thenewrepublic.com), p. 1.
8 Ibid., p. 8.
9 T. Blair, "Doctrine of International Community," speech to the Economic Club of Chicago, 22 April 1999, www.fco.gov.uk, p. 6.
10 Giddens, *The Third Way and Its Critics*(Cambridge, 2000), pp. 125–126.
11 John Plender, "Western Crony Capitalism," *Financial Times*, 3 October 1998.
12 Financial Times, 25 October 2000.
13 Ronald Dworkin, *Sovereign Virtue*(Cambridge, MA, 2000), p. 351.
14 *Financial Times*, 27 January 1995.
15 J. M. Keynes, *The General Theory of Employment Interest and Money* (London, 1970), p. 159.
16 어떤 실질적 의미가 있는 변화는 전혀 일어나지 않고 있다. 1997–1998년의 위기 이후 설립된 Financial Stability Forum(FSF) 3차 회의에 대하여 보도하면서 *Financial Times*(24 March 2000)는 금융개혁 과정이 교착상태에 빠졌음을 시사하였다 : "세계 금융시장의 혼란이 지속되고 있

지만 개혁과정을 지켜본 관측통은 즉각적인 개혁 조치가 없다고 지적하였다. 신흥시장 국가들은 말할 나위도 없고 G-7 국가들도 어느 정도의 규제를 해야 하는지에 대하여 당혹해 하고 있어 FSF는 지금 어려운 시기를 맞고 있다."

17 *Financial Times*, 25 November 1999.

18 Ibid., 30 June 2000.

19 M. Wolf, "The Big Lie of Global Inequality," ibid., 9 February 2000에서 재인용.

20 *Independent*, 30 November 1999.

21 M. Wolf, "Banking for the World Poor," *Financial Times*, 21 June 2000.

22 Matthias Lundberg and Branko Milanovic, "The Truth about Global Inequality," ibid., 25 February 2000.

23 Ibid., 21 September 2000.

24 C. Harmon, *The IMF, Globalization and Resistance*(London, 2000), p. 6에서 재인용.

25 *Financial Times*, 24 December 1999.

26 M. Castells, *The Rise of the Network Society*(The Information Age, Vol. 1 ; 2nd edn, Oxford, 2000), p. 145.

27 Giddens, *Third Way*, p. 151.

28 P. Anderson, "Renewals," *New Left Review*, II(1), 2000, p. 11.

29 John Lloyd, "The Trial of Jose Bove," *Financial Times*, 1 July 2000.

30 예를 들어 Pierre Bourdieu, *Acts of Resistance*(Cambridge, 1998) ; Susan George, *The Lugano Report*(London, 1999) ; George Monbiot, *Captive State*(London, 2000)를 보라. 이 운동에 대한 비판적 조사는 C. Harman, "Anti-Capitalism : Theory and Practice," *International Socialism*, 2(88), 2000 참조.

31 D. Held, A. G. McGrew, D. Goldblatt and J. Perraton, *Global Transformations*(Cambridge, 1999), p. 236.

32 Ibid., pp. 236-237.

33 직접투자가 조금씩 분산되는 경향도 나타나고 있다. Ibid., pp. 248-52 참조.

34 George, "À Seattle, le commerce avant les libertés," *Le Monde diplomatique*, November 1999.

35 Monbiot, *Captive State*, ch. 10.

36 Henry Kaufman, "Big is Bad for Global Prosperity," *Financial Times*, 28

July 2000.

37 경쟁적 축적의 구조로 간주되는 현대 자본은 (제1차 세계대전 기간 중 Bukharin의 선구적 분석에 따르면) 시장에서의 경쟁과 국제체계를 구성하는 지정학적 경쟁 이 두 가지를 포함하는 것으로 가장 잘 이해할 수 있다. Callinicos, *Theories and Narratives*(Cambridge, 1995), pp. 128-140 ; "Periodizing Capitalism and Analyzing Imperialism," in R. Albritton, M. Itoh, R. Westra and A. Zuege, eds, *Phases of Capitalist Development*(London, forthcoming in 2001) 참조.

38 이보다 훨씬 더 광범한 분석은 C. Harman, "The State and Capitalism Today," *International Socialism*, 2(51), 1991 참조.

39 Castells, *Rise of the Network Society*, pp. 276 n. 93, 468, 470.

40 특히 Giddens, *A Contemporary Critique of Historical Marxism*(London, 1981) 참조. 이에 대한 마르크스주의자들의 반응은 E. O. Wright, "Giddens's Critique of Marxism," *New Left Review*, I(138), 1983 ; Callinicos, "Anthony Giddens : A Contemporary Critique," *Theory & Society*, 14, 1985 참조.

41 "배출권 거래에 관여하는 금융회사의 캔터 핏제럴드 씨는 '온실 가스 거래시장은 아직 걸음마 단계지만 앞으로 세계에서 가장 큰 상품시장의 하나로 성장할 것으로 전망된다' 고 한다." *Financial Times*, 18 November 2000.

42 자본주의와 환경에 대한 아주 상세한 논의는 P. McGarr, "Why Green is Red," *International Socialism*, 2(88), 2000 참조. 적색과 녹색의 결합에 한 가지 방해가 되는 것은 마르크스주의가 환경문제에 둔감하다는 널리 퍼진 믿음이다. G. A, Cohen은 공산주의가 갈등 없는 사회라는 점을 강조하기 위하여 마르크스가 "기술적 해법", 즉 생산력의 무한한 발전으로 가능해진 제한 없는 풍요라는 개념에 지나치게 의존했다고 비판한다. *Self Ownership, Freedom, and Equality*(Cambridge, 1995), ch. 5. 그러나 John Bellamy Foster는 그런 해석에 정면 도전한다. Foster는 인간과 자연의 관계라는 테마가 초기 저작에서부터 나타나는 마르크스 사상의 핵심적 테마 가운데 하나라 주장한다. 그리고 자본론에서도 마르크스의 주요 관심사 가운데 하나가—리비히의 화학연구를 인용하면서—자본주의적 농업이 토양에 미치는 파괴적 효과를 증명하는 것이었다고 한다. *Marx's Ecology*(New York, 2000).

43 Callinicos, "Social Theory Put to the Test of Politics : Pierre Bourdieu and Anthony Giddens," *New Left Review*, I(236), 1999, pp. 85-95 ; *Equality*

(Cambridge, 2000), pp. 113–114도 함께 참조.

후기

1 Ronald Dworkin이 그런 경향을 보여주는 사례이다. 이 사람은 자원의 평등이라는 개념을 주창하면서 이것을 "개인적 책임"을 무시하는 "구 평등주의"와 "집단적 책임"을 무시하는 보수주의 사이의 "제3의 길"로 묘사한다. *Sovereign Virtue*(Cambridge, MA, 2000), p. 7. 그러나 클린턴이 서명하여 법으로 확정된 1996년 복지개혁법을 "사회정의의 전적인 패배"로 묘사한다는 점에서 Dworkin의 제3의 길은 블레어–클린턴 식의 제3의 길과 분명히 다른 것이다.

2 Sir Strattford Cripps, "Can Socialism Come by Constitutional Methods?" in C. Addison et al., *Problems of Socialist Government*(London, 1933).

3 Boris Kagarlitsky의 *Recasting Marxism*(3 vols, London, 1999–2000)을 그런 전략의 개발 노력으로 볼 수 있다.

4 이런 프로젝트에 대한 더 정교한 논의는 Callinicos, *The Revenge of History* (Cambridge, 1991), ch. 4 참조.

지은이 **알렉스 캘리니코스**Alex Callinicos

- 1950년 짐바브웨에서 출생한 영국의 정치학자, 반자본주의 운동가.
- 옥스포드 대학에서 학사, 박사 학위를 받음.
- 2005년까지 요크 대학에서 정치학 교수로 재직하다가 런던 킹스칼리지로 옮겨 재직 중이며, 영국 사회주의노동자당 중앙위원을 겸하면서 2008년 1월에 방한하여 강연회를 갖는 등 세계적인 운동가로 적극 활동하고 있음.
- 주요 저서로 『알튀세의 맑스주의』(1976) 이후 『평등론』(2000), 『비판의 자원』(2006) 등 다수.

옮긴이 **김연각**

- 1957년 경북 영양에서 출생한 정치학자.
- 서울대학에서 정치학 학사, 석사, 박사 학위를 받음.
- 1994년 이후 서원대 법정대에 재직 중이며, 민교협 충북지회장을 역임하였고 현재는 민주노동당 충북도장 정책위원장으로 활동하고 있음.
- 저서로는 『김정일 시대의 북한』(공저, 1997), 역서로 『이제 당신 차례요 Mr. 브라운』(2007), 논문으로 「북한의 정치 이데올로기 : 1955-2007」(2007) 등이 있음.

'제3의 길' 은 없다–반자본주의적 비판–

초판1쇄 / 2008년 4월 30일

지은이 **알렉스 캘리니코스**
옮긴이 **김연각**
펴낸이 **여국동**
펴낸곳 **도서출판 인간사랑**
인 쇄 **백왕인쇄**
제 본 **은정제책사**

출판등록 1983. 1. 26. / 제일 3호

(411- 815) 경기도 고양시 일산구 백석동 1178-1
TEL (031)901-8144, 907-2003
FAX (031)905-5815
e-mail/igsr@yahoo.co.kr / igsr@naver.com

정가 15,000원
ISBN 978-89-7418-246-5 93340

※ 잘못된 책은 교환해 드립니다.

※ 불법복사는 지적재산을 훔치는 범죄행위입니다.